Design instrucional contextualizado

fundamentos e inovações

Dados Internacionais de Catalogação na Publicação (CIP)
(Claudia Santos Costa – CRB 8ª/9050)

Filatro, Andrea
Design instrucional contextualizado: fundamentos e inovações / Andrea Filatro. – 4. ed. – São Paulo: Editora Senac São Paulo, 2025.

ISBN 978-85-396-5445-1 (impresso/2025)
e-ISBN 978-85-396-5446-8 (ePub/2025)
e-ISBN 978-85-396-5447-5 (PDF/2025)

1. Design instrucional. 2. Educação a distância. 3. Tecnologia educacional. I. Título.

25-2420c CDD – 371.33
BISAC EDU039000
EDU041000

Índice para catálogo sistemático:
1. Design instrucional: Educação e tecnologia 371.33

ANDREA FILATRO

Design instrucional contextualizado

fundamentos e inovações

4ª edição

EDITORA SENAC SÃO PAULO – SÃO PAULO – 2025

Editora Senac São Paulo
Conselho Editorial Luiz Francisco de A. Salgado
Luiz Carlos Dourado
Darcio Sayad Maia
Lucila Mara Sbrana Sciotti
Luís Américo Tousi Botelho

Gerente/Publisher Luís Américo Tousi Botelho

Coordenação Editorial Verônica Marques Pirani

Prospecção Andreza Fernandes dos Passos de Paula
Dolores Crisci Manzano
Paloma Marques Santos

Administrativo Marina P. Alves

Comercial Aldair Novais Pereira

Comunicação e Eventos Tania Mayumi Doyama Natal

Edição e Preparação de Texto Alexandre Napoli

Coordenação de Revisão de Texto Marcelo Nardeli

Revisão de Texto Lucas Guilherme de Oliveira

Coordenação de Arte Antonio Carlos De Angelis

Projeto Gráfico, Capa e Editoração Eletrônica Leonardo Miyahara

Impressão e Acabamento Gráfica AR Fernandez

Editora Senac São Paulo
Av. Engenheiro Eusébio Stevaux, 823 – Prédio Editora
Jurubatuba – CEP 04696-000 – São Paulo – SP
Tel. (11) 2187-4450
editora@sp.senac.br
https://www.editorasenacsp.com.br

Sumário

Nota do editor

Diversas ideias e questões discutidas neste livro a propósito de educação e tecnologia permeiam o cotidiano de atuação do Senac São Paulo nas muitas áreas por ele abrangidas. É o caso, por exemplo, da *andragogia*, que vem a ser a formação de adultos, diferenciando-a da pedagogia que se aplica na formação de crianças. Uma das teses da autora Andrea Filatro sustenta que a sociedade atual requer a educação continuada ou permanente, capaz de possibilitar o desenvolvimento cultural e geral das pessoas ao longo da vida. Outra tese, a essa ligada, é que o grande avanço tecnológico obtido nos últimos anos fez emergir modalidades de ensino não presenciais em condições de melhor "equacionar a diferença entre o número restrito de vagas da rede de ensino e a necessidade de incluir socialmente maior parcela da população", integrando "as exigências individuais e sociais às novas demandas do mundo do trabalho, da comunicação e da informação". Desse modo, hoje, não só existe a necessidade da educação continuada, como existem os meios de viabilizá-la.

O Senac São Paulo, com seus cursos regulamentados e seus cursos livres, tem inteira identificação com a andragogia que este livro, em edição revisada e atualizada, prescreve.

Agradecimentos

Este trabalho só foi possível graças à generosidade de muitas pessoas que acreditaram no design instrucional quando ele era pouco conhecido no Brasil.

Gratidão às professoras doutoras Stela Conceição Bertholo Piconez, Vani Moreira Kenski e Maria Elizabeth Bianconcini de Almeida, que me acompanharam no mestrado na Faculdade de Educação da USP, cuja dissertação foi a base para a primeira edição deste livro, publicada em 2004.

Meus agradecimentos especiais a Vera Lúcia Marques, Francisco de Moraes e Darcio Sayad Maia, que vislumbraram o potencial editorial da obra e fizeram este sonho se tornar realidade.

Vinte anos após a primeira edição, renovo minha gratidão a toda a equipe da Editora Senac São Paulo, por ter mantido o livro vivo ao longo de suas três edições revisadas e, agora, por abraçar o desafio de lançar uma edição totalmente renovada. Obrigada, Dolores Crisci Manzano, Andreza Fernandes dos Passos de Paula e Marcelo Nardeli por serem a face visível dessa equipe fantástica.

Aos queridos colegas da Abed, do BID, da FIA, da Enap, do Sistema S e a tantos outros profissionais dessa longa jornada, a paixão só cresce quando estamos cercados por exemplos que nos inspiram.

Prefácio

É curioso pensar no que faz com que um livro se mantenha relevante por duas décadas. Em um mundo de inovações rápidas e tendências passageiras, encontrar obras que perdurem é raro. *Design instrucional contextualizado* é uma dessas raridades, e não é por acaso.

Quando Andrea lançou a primeira edição de *Design instrucional contextualizado*, o cenário da educação on-line no Brasil ainda estava engatinhando. Este livro não apenas foi o primeiro a tratar com seriedade do design instrucional (DI) no país, mas também chegou no momento exato em que o mundo da educação estava prestes a passar por transformações profundas. Desde então, tornou-se uma referência para aqueles que buscam criar experiências de aprendizagem significativas.

O papel do DI na educação on-line nunca foi tão crucial quanto nos últimos anos, especialmente no contexto da pandemia de covid-19. De uma hora para outra, milhões de educadores e instituições ao redor do mundo tiveram que migrar para o ensino on-line. No entanto, o que muitos desses esforços revelaram é que simplesmente transferir o conteúdo presencial para um ambiente digital não garante sucesso na aprendizagem. Faltou, em muitos casos, uma base sólida de DI – o que fez com que várias dessas iniciativas não alcançassem os resultados esperados.

A educação on-line não pode ser tratada como uma versão digitalizada da sala de aula tradicional. Ela exige uma reestruturação completa das abordagens pedagógicas, com foco nas necessidades dos alunos, na interação efetiva e na criação de experiências de aprendizagem ativas e personalizadas. E é aí que entra o DI, que, quando bem implementado, faz toda a diferença entre uma simples transposição de conteúdo e uma verdadeira experiência de aprendizagem digital.

Infelizmente, durante a pandemia, muitos projetos falharam justamente por não darem a devida atenção ao DI. No caos da transição emergencial, a falta de conhecimento específico e de competências em DI resultou em experiências de aprendizagem fragmentadas, pouco eficazes e, muitas vezes, desmotivadoras para os alunos. Esse cenário deixou claro o quanto é necessário o conhecimento especializado em DI para criar ambientes de aprendizagem on-line bem-sucedidos. E é exatamente esse conhecimento que Andrea oferece em seu livro.

Minha própria jornada no campo da educação on-line também reforça a importância desse conhecimento. Em 2000, comecei a explorar o mundo da educação a distância, e em 2001, logo depois de me mudar para os Estados Unidos, iniciei meu trabalho na University of Maryland Global Campus (UMGC). Esse período me abriu as portas para a educação on-line de forma prática e intensa e foi o ponto de partida para uma completa mudança de carreira. Alguns anos depois, concluí um mestrado em educação a distância na UMGC, o que solidificou minha visão sobre o papel essencial do DI. E foi essa trajetória que, muitos anos mais tarde, me levou a conhecer Andrea e colaborar com ela, inclusive neste projeto.

Ao reler esta edição revisada de *Design instrucional contextualizado*, fica claro que sua longevidade se deve a mais do que marcos tecnológicos ou avanços temporais. O que sustenta o impacto do livro é sua capacidade de ir além das mudanças superficiais. Como a própria Andrea me disse: "O que perdura ao longo do tempo é o DI como metodologia que ajuda a criar soluções e experiências de aprendizagem; sua capacidade de absorver mudanças e se renovar à medida que evoluem as áreas que o fundamentam; a capacidade de fazer a ligação entre as teorias de aprendizagem e a prática; o foco em quem aprende, pois desde sempre o DI é a 'voz' do aluno".

Essas são as ideias centrais que permanecem atemporais e que fazem deste livro uma leitura essencial para educadores, designers instrucionais, gestores e todos aqueles interessados na intersecção entre teoria, prática e inovação educacional. O livro evoluiu ao longo dos anos, ganhando novas camadas de compreensão, como o design thinking, o aprendizado personalizado, a mentalidade ágil e, mais recentemente, o uso de dados e inteligência artificial na educação. No entanto, o núcleo continua firme: uma metodologia que prioriza o aprendiz e que se adapta, mas não perde sua essência.

Além disso, a relevância do DI vai muito além das fronteiras da educação formal. Nos últimos vinte anos, assistimos ao seu crescimento em contextos corporativos e em ambientes de educação não formal, como empresas, ONGs e o setor público. O DI tornou-se uma prática essencial não só para o desenvolvimento de cursos, mas também para a formação de profissionais, para a inovação nos métodos de aprendizagem e para a criação de soluções que respondam às demandas do mundo moderno. Cada vez mais, o DI se posiciona como uma abordagem indispensável para enfrentar os desafios educacionais de hoje e de amanhã.

Para mim, é um privilégio testemunhar a evolução deste campo e, mais ainda, colaborar com Andrea, uma pioneira cuja visão e trabalho ajudaram a moldar a educação a distância no Brasil e além. Esta edição não apenas celebra os vinte anos desse trabalho visionário, mas também nos lembra que o DI continua a ser um campo fértil para mudanças, descobertas e crescimento.

Andrea, com sua vasta experiência, traz neste livro uma contribuição valiosa, que vai além de simplesmente apresentar técnicas. Ela oferece uma visão completa, fundamentada em anos de prática e pesquisa, sobre como o DI pode transformar a educação on-line em uma experiência verdadeiramente centrada no aluno, inovadora e eficiente.

Stella C. S. Porto
ESPECIALISTA EM GESTÃO DE APRENDIZAGEM E CONHECIMENTO NO BANCO INTERAMERICANO DE DESENVOLVIMENTO (BID), EM WASHINGTON, D.C., ESTADOS UNIDOS

APRESENTAÇÃO

O que há de novo nesta edição comemorativa

Passados vinte anos do lançamento de *Design instrucional contextualizado*, podemos apontar uma sequência de eventos que impactaram as bases do design instrucional (DI). Avanços na educação, na tecnologia, na comunicação e na administração e gestão são organizados em uma linha do tempo que representa modificações profundas no campo do design instrucional.

O leitor e a leitora podem consultar esse referencial cronológico no quadro A.1 ao final desta apresentação, ao qual acrescentamos uma breve síntese da nossa trajetória em pesquisa e prática na área do design instrucional e da inovação em educação, a maioria registrada em livros impressos e digitais, para que o leitor e a leitora possam ter uma ideia de como amadurecemos a concepção do design instrucional contextualizado nos últimos vintes anos (quadro A.2).

Do conceito de design instrucional contextualizado (DIC) que esboçamos em 2004, como resultado de nossa pesquisa de mestrado na Faculdade de Educação da USP, sob a orientação da profa. dra. Stela Piconez, avançamos tanto em pesquisa acadêmica quanto em prática profissional em universidades, empresas, escolas de governo, terceiro setor, redes de ensino, *start-ups* e todo o sistema S.

Um dos principais marcos foi a formação em gestão de projetos, que permitiu compreender de maneira mais ampla elementos que afetam diretamente o DI, como custos, prazos e qualidade. Outro divisor de águas envolveu a ampliação de nossa perspectiva do DI para o learning design (design de aprendizagem), especialmente no que diz respeito à especificação IMS-LD, sob o patrocínio da então IMS Global, hoje 1EdTech.

Compreender padrões técnicos de interoperabilidade estendeu nossa visão para além de situações didáticas específicas, em um nível de abstração que culminou na testagem de sistemas para planejamento pedagógico (*pedagogical planners*), colocando nas mãos de professores e designers instrucionais um amplo ferramental para a tomada de decisões.

Embora esse movimento não tenha rendido os frutos esperados, tornou mais concreto o ideal de personalização da aprendizagem por intermédio de mecanismos de adaptação condicional de percursos, preferências de aprendizagem e personalização. Dessas reflexões derivam adaptações que o leitor e a leitora podem ver nas questões norteadoras para o processo de DI que aparecem no quadro 3.2.

A busca constante por uma compreensão renovada das potencialidades do DI encontrou eco na abordagem de design thinking (DT). Com sua ênfase em inovação, criatividade e empatia, o DT oferece uma perspectiva mais centrada no ser humano e, por consequência, agrega ao DI clássico o design de experiências de aprendizagem, contemplando a percepção e a reação dos aprendizes ao design que lhes é proposto.

Ao longo dos anos, adotamos como outra inovação educacional importante a mentalidade ágil, que se traduz em modelos de DI rápidos, como o RID (Rapid Instructional Design [design instrucional rápido]), o SAM (Successive Approximation Model [modelo de aproximação sucessiva]), o A.G.I.L.E (Align, Get set, Iterate and Implement, Leverage and Evaluate [alinhar-se, iterar e implementar, alavancar e avaliar]), o LLAMA [Lot Like Agile Methods

Approach (muito semelhante à abordagem dos métodos ágeis)] e o Learning Circle Framework™.

Daí chegamos ao DI 4.0, formulado para integrar quatro abordagens-irmãs: além do DI clássico calcado no modelo ADDIE (Analysis, Design, Development, Implementation, and Evaluation [análise, design, desenvolvimento, implementação e avaliação]) e o design thinking, temos também o design de experiências de aprendizagem e o design instrucional orientado a dados.

A necessidade de aprofundamento sobre o potencial dos dados para o DI nos levou a um mergulho na ciência de dados educacionais, composta pelos campos da analítica da aprendizagem (*learning analytics*), da mineração de dados (*educational data mining*) e da inteligência artificial aplicada à educação.

Estamos nesse ponto da curva de maturidade do DI: o uso intensificado de sistemas inteligentes para subsidiar as etapas do processo de DI, assim como para apoiar atividades de aprendizagem inovadoras.

Paralelamente a esse conjunto de forças e influências, identificamos uma nova teoria elaborada para explicar como as pessoas aprendem na era digital – o conectivismo. Esse tema emergente é explorado no capítulo sobre paradigmas dominantes no ensino-aprendizagem e suas contribuições para o design instrucional.

Tantas mudanças só poderiam resultar em uma expansão das funções exercidas pelo profissional de DI. Reconhecido como profissão em 2008 pela Classificação Brasileira de Ocupações (CBO), o DI passou a ser visto como um verdadeiro *sherpa* a guiar gestores e educadores atordoados diante das restrições do período pandêmico.

A partir daí, a oferta de formação de especialistas cresceu, seu espaço na educação superior se estendeu e sua atuação nos sistemas de educação corporativa se consolidou. Testemunhamos hoje a superação de barreiras geográficas que antes limitavam esse profissional a atuar presencialmente. O trabalho remoto abriu portas para uma atuação em âmbito nacional e até internacional, com novos espaços de trabalho e funções ampliadas.

Muitas conquistas se acumularam nos últimos vinte anos, e desafios não faltam – desde as dificuldades de acompanhar o ritmo cada vez mais acelerado de mudanças até a luta por condições de trabalho à altura de seu nível de especialização.

Mas o futuro é promissor, uma vez que o DI é uma ferramenta poderosa para responder às pressões crescentes por qualidade na educação. Mais que isso, é uma mentalidade, uma forma de pensar e agir que permite ao profissional da educação encarar os desafios do presente, articulando teoria e prática e integrando fundamentos sólidos com inovações surpreendentes.

Vida longa ao DI!

Quadro A.1 Linha do tempo de inovações nas áreas fundamentais do DI nos últimos vinte anos

Ano	Inovações em educação	Inovações em tecnologias	Inovações em administração e gestão	Inovações no campo do design e do design instrucional
2004	É lançado o Moodle 1.0, plataforma de aprendizagem *open source* e gratuita.	A Web 2.0 traz novas ferramentas colaborativas (blogs, wikis, etc.) que começam a ser integradas ao DI. O Facebook surge como a primeira rede social global. É lançada a terceira versão do padrão SCORM.	A American Society for Training & Development (ASTD) apresenta o ASTD Competency Model para orientar o treinamento profissional. O Wikimedia Commons passa a ser oferecido como um repositório de mídia livre que permite o compartilhamento de imagens, vídeos e sons entre todos os projetos da Wikimedia.	Ferramentas de autoria como o Adobe Flash se popularizam.
2005	George Siemens apresenta o conectivismo no artigo "Connectivism: a learning theory for the digital age". Inicia-se o movimento *maker* na educação, influenciado pelo lançamento da revista *Make*, de Dale Dougherty.	É lançada a plataforma de vídeos YouTube.	MIT, Harvard e Stanford, entre outras instituições, formam o OpenCourseWare Consortium. É criado o Global Council of Corporate Universities (GlobalCCU).	Rob Koper e Colin Tattersall publicam a obra *Learning design: a handbook on modelling and delivering networked education and training*.
2006	A Open University UK lança a plataforma OpenLearn. No Brasil, é criada a Universidade Aberta do Brasil (UAB).	Surge a rede social Twitter.	—	George M. Piskurich publica o livro *Rapid instructional design: learning ID fast and right*.
2007	Os professores Jonathan Bergmann e Aaron Sams popularizam o conceito de sala de aula invertida (*flipped classroom*).	O lançamento do primeiro iPhone marca um avanço na aprendizagem móvel.	David Wiley publica o documento *Open education license draft*, sobre licenciamento aberto.	Niels Floor cunha o termo learning experience design (LXD).

(cont.)

Ano	Inovações em educação	Inovações em tecnologias	Inovações em administração e gestão	Inovações no campo do design e do design instrucional
2008	Stephen Downes e George Siemens lançam o primeiro MOOC sobre conectivismo. Salman Khan lança a Khan Academy. Clayton M. Christensen, Curtis W. Johnson e Michael B. Horn cunham a expressão *blended learning* no livro *Disrupting class: how disruptive innovation will change the way the world learns.*	Ocorre a I Conferência Internacional sobre Mineração de Dados Educacionais.	—	Tim Brown publica artigo na *Harvard Business Review* popularizando o design thinking. No Brasil, o designer educacional/instrucional é reconhecido pela Classificação Brasileira de Ocupações (CBO).
2009	—	O lançamento do iPad impulsiona a aprendizagem móvel (*m-learning*).	—	O Center for Applied Special Technology (CAST) apresenta a primeira versão do framework de diretrizes do Universal Design for Learning (UDL).
2010	No Brasil, é lançado o Programa Um Computador por Aluno (Prouca).	O Instagram surge como nova rede social. A especificação IMS Learning Tools Interoperability (LTI) 1.0 é liberada.	—	Luke Wroblewski cria o termo *mobile-first design*, enquanto Ethan Marcotte cunha a expressão *responsive web design.*
2011	Willy Wijnands adapta o framework do Scrum para criar o EduScrum. A Instructure lança o LMS Canvas.	O lançamento do Google Chromebook impacta a área de tecnologia educacional. O IBM Watson vence a tradicional competição de tevê Jeopardy!. Surge o Duolingo, plataforma de aprendizagem de idiomas on-line. É criada a International Educational Data Mining Society (IEDMS). A Advanced Distributed Learning (ADL) começa a trabalhar na xAPI (chamada inicialmente de Tin Can API).	É lançado o *Manifesto das escolas ágeis.* No Brasil, a Fundação Getulio Vargas (FGV) lança sua própria iniciativa OCW.	O Instructional Design Central (IDC) apresenta o Learning Circle Framework™ como modelo de DI ágil. São lançadas as Diretrizes de Acessibilidade para Conteúdo Web (WCAG).

(cont.)

Ano	Inovações em educação	Inovações em tecnologias	Inovações em administração e gestão	Inovações no campo do design e do design instrucional
2012	O conceito de gamificação se dissemina com o lançamento do livro *Gamification of learning and instruction*, de Karl Kapp. John Bersin cunha o termo *learning experience platform* (LXP). Surge o Degreed, uma das primeiras LXPs mundiais.	É criada a Society for Learning Analytics Research (SoLAR). A Fundação Mozilla lança a especificação Open Badges 1.0 como método para credenciais abertas.	A Unesco aprova a Declaração sobre Recursos Educacionais Abertos (REA), de Paris. É lançado o *Manifesto Ágil no ensino superior.* No Brasil, o Ministério da Educação lança o e-MEC, sistema de tramitação eletrônica dos processos de regulação da educação superior.	Diana Laurillard publica o livro *Teaching as a design science.* É lançada a Larnaca Declaration on Learning Design. A IDEO lança o *toolkit* Design Thinking for Educators. Michael Allen apresenta o modelo SAM (Successive Approximation Model) para o design instrucional ágil. O International Board of Standards for Training, Performance, and Instruction (IBSTPI) atualiza o modelo de competências do designer instrucional.
2013	Nasce o YouTube EDU Brasil, uma parceria entre o Google e a Fundação Lemann. A Universidade de São Paulo (USP) lança sua plataforma OCW intitulada "e-Aulas USP".	É lançada a plataforma de aprendizagem baseada em jogos Kahoot!. O Tableau for Education surge como ferramenta de visualização de dados para estudantes e educadores. O *NMC Horizon report for higher education* menciona a internet das coisas (IoT) como tecnologia emergente em educação.	A Cisco apresenta o conceito de *smart campus*, integrando IoT para gerenciar operações e infraestrutura universitária.	Conrad Gottfredson desenvolve a metodologia de design A.G.I.L.E.

(cont.)

Ano	Inovações em educação	Inovações em tecnologias	Inovações em administração e gestão	Inovações no campo do design e do design instrucional
2014	A Google anuncia o ambiente de aprendizagem Google Classroom.	A Amazon lança o assistente de voz Alexa. Começa a ser publicado o *Journal of Learning Analytics*. É lançado o aplicativo de interação Mentimeter.	A American Society for Training & Development (ASTD) muda de nome para Association for Talent Development (ATD) e atualiza seu modelo de competências para um modelo de capacidades. No Brasil, a Universidade de Campinas (Unicamp) lança sua iniciativa OCW.	O *toolkit* Design Thinking para Educadores é lançado na versão brasileira.
2015	Plataformas como Udacity começam a emitir micro e nanocredenciais. No Brasil, o Ministério da Educação lança o Portal e-MEC, com cursos on-line gratuitos. É publicado o livro *Handbook of learning analytics*, de George Siemens *et al.*	O lançamento do Google Cardboard e do Google Expeditions torna a realidade virtual acessível a usuários de smartphone. A especificação IMS Caliper Analytics 1.0 é liberada.	A Assembleia Geral da ONU aprova os Objetivos de Desenvolvimento Sustentável (ODS).	–
2016	–	O lançamento do Pokémon GO populariza os jogos em realidade aumentada. A Georgia Tech apresenta Jill Watson, seu primeiro tutor inteligente. A especificação IMS Open Badges 2.0 é liberada.	É lançado o *Manifesto de pedagogia Ágil*.	Lori Niles-Hofmann publica o e-book *Data-driven learning design (DDLD)*.
2017	–	O TikTok aparece como nova rede social. É publicado o livro *Virtual, augmented, and mixed realities in education*, de Christopher J. Dede *et al.*	É lançado o *Manifesto Ágil para o ensino e a aprendizagem*. No Brasil, surge a plataforma Veduca. O LinkedIn Learning consolida a integração da recém-adquirida plataforma Lynda.com.	Charles M. Reigeluth, Brian J. Beatty e Rodney D. Myers publicam o volume IV da série *Instructional-design theories and models: the learner-centered paradigm of education*.

(cont.)

Ano	Inovações em educação	Inovações em tecnologias	Inovações em administração e gestão	Inovações no campo do design e do design instrucional
2018	O MIT começa a emitir diplomas digitais usando a tecnologia blockchain.	O mural virtual colaborativo RealtimeBoard é rebatizado como Miro.	A União Europeia implementa o GDPR (General Data Protection Regulation), regulamento geral de proteção de dados.	—
2019	A Unesco capitaneia a criação do Consenso de Beijing sobre Inteligência Artificial e Educação.	Surge o EduTok, versão do TikTok para a criação de conteúdos focados em educação.	—	Megan Torrance apresenta o modelo LLAMA (the Lot Like Agile Management Approach) no livro *Agile for instructional designers*.
2020	A pandemia da covid-19 impulsiona uma onda global de mudanças, resultando na adoção emergencial do ensino remoto.	Explode o uso de ferramentas de colaboração como Zoom, Microsoft Teams e Google Classroom.	No Brasil, entra em vigor a Lei Geral de Proteção de Dados (LGPD) para regulamentar o tratamento de dados pessoais, incluindo os dados em contextos educacionais.	—
2021	—	A empresa Facebook, Inc., detentora das redes sociais Facebook, Instagram e Whatsapp, passa a se chamar Meta, Inc., sinalizando seu foco no metaverso.	—	Charles M. Reigeluth publica *Merging the instructional design process with learner-centered theory: the holistic 4D model*.
2022	O European Commission's Joint Research Centre lança a publicação *Education and blockchain*.	A OpenAI lança o ChatGPT.	O IMS Global Learning Consortium é rebatizado como 1EdTech.	—

(cont.)

Ano	Inovações em educação	Inovações em tecnologias	Inovações em administração e gestão	Inovações no campo do design e do design instrucional
2023	A Khan Academy, em parceria com GPT-4, lança o tutor virtual Khanmigo, alcançando 5 milhões de estudantes até o final do ano.	O Twitter é adquirido por Elon Musk e passa a se chamar X.	—	São lançadas as primeiras publicações especializadas sobre IA e DI, como o livro-texto *AI-enhanced instructional design* (Desjardins, D. *et al.*), desenvolvido para o programa de Tecnologia e Design Educacional da Universidade de Saskatchewan, no Canadá.
2024	A Open AI anuncia o lançamento do ChatGPT Edu, versão do GPT-4o, para universidades.	—	A Fundação Bill & Melinda Gates anuncia uma iniciativa de 100 milhões de dólares para desenvolver ferramentas de design para a educação fundamental.	Explodem as publicações independentes sobre IA e DI: *AI-powered instructional design: transforming learning with artificial intelligence* (de Crystal Hutchinson), *Unleashing AI: harness the power of artificial intelligence in instructional design* (de Ruchir Bakshi) e *Mastering ChatGPT for instructional design: a practical guide for educators and trainers* (de Shahid Hussain Soomro).

Quadro A.2 Nossa trajetória em pesquisa e prática na área do design instrucional

Ano	Descrição	Acesso
2004	Defesa de mestrado na Faculdade de Educação da Universidade de São Paulo, sob a orientação da profa. dra. Stela Conceição Piconez. A dissertação deu origem à primeira edição deste livro *Design instrucional contextualizado*, publicado pela Editora Senac São Paulo.	
2008	Defesa de doutorado na Faculdade de Educação da Universidade de São Paulo, também sob a orientação da profa. dra. Stela Conceição Piconez. O doutorado analisou o learning design (tanto em termos de abordagem quanto de especificação técnica) como um framework teórico-prático para o design instrucional contextualizado.	
	Publicação do *Design instrucional na prática*, por solicitação da Pearson Education por um livro mais funcional, "mão na massa", abrangente, objetivo e completo – um verdadeiro guia para a elaboração de cursos on-line.	
2015	Publicação do livro *Produção de conteúdos educacionais*, pela Editora Saraiva, com Sabrina Cairo, voltado a especialistas que buscam uma abordagem multidimensional sobre aspectos tecnocientíficos, pedagógicos, comunicacionais, tecnológicos e organizacionais da produção de conteúdos, além de orientações práticas sobre planejamento, autoria, roteirização e produção de conteúdos em diversos formatos e mídias.	
2017	Publicação do livro *Design thinking na educação presencial, a distância e corporativa*, pela Editora Saraiva, em coautoria com Carolina Costa Cavalcanti, com uma visão geral do DT como uma abordagem de criatividade e inovação, mais um conjunto de 25 estratégias aplicáveis de imediato pelo leitor e leitora.	
2018	Publicação do livro *Metodologias inov-ativas na educação presencial, a distância e corporativa*, pela Editora Saraiva. Mais uma parceria com Carolina Costa Cavalcanti, em que se apresenta uma sistematização de várias práticas educacionais inovadoras, em quatro grandes grupos (metodologias ativas, ágeis, imersivas e analíticas), com uma série de estratégias Faça Fácil para aplicação imediata em salas de aula presenciais e virtuais.	
	Publicação do livro *Como preparar conteúdos para EAD*, pela Editora Saraiva, uma versão enxuta, ilustrada e atualizada da obra *Produção de conteúdos educacionais*. Um exercício de como responder às principais dúvidas de professores e designers instrucionais sobre o desafio de planejar, elaborar e validar diversos tipos de conteúdos e atividades de aprendizagem.	
	Publicação do e-book *Teorias e abordagens pedagógicas* (Série Universitária), pela Editora Senac São Paulo, que explora concepções estruturais do ensino-aprendizagem e estratégias, técnicas e métodos empregados em diferentes contextos educacionais, possibilitando uma tomada de decisão mais assertiva e que cause um impacto relevante no cenário educacional.	

(cont.)

Ano	Descrição	Acesso
2019	Publicação do livro *DI 4.0 – inovação na educação corporativa*, voltado àqueles responsáveis por formar/capacitar profissionais para atuar em consonância com os objetivos estratégicos da organização, e que buscam uma atualização do conceito de DI, numa combinação de fundamentos e inovação.	
	Publicação do e-book *Learning analytics: análise e desempenho do ensino e aprendizagem* (Série Universitária), pela Editora Senac São Paulo, que explora temas como analítica da aprendizagem, *big data*, mineração de dados educacionais, educação adaptativa e educação móvel.	
	Publicação do e-book *Práticas inovadoras de educação mediada pelas tecnologias da informação e comunicação* (Série Universitária), pela Editora Senac São Paulo, que abarca bases teóricas, abordagens metodológicas e tendências tecnológicas relacionadas à inovação no campo educacional.	
	Publicação do e-book *Linguagens e narrativas digitais* (Série Universitária), pela Editora Senac São Paulo, sobre a criação de textos e atividades educacionais por meio de roteiros hipertextuais e imersivos.	
2020	Publicação do livro *Novos produtos e serviços na educação 5.0*, em coautoria com Ana Claudia Loureiro, fruto de discussões durante a pandemia de aproximadamente 160 produtos e serviços inovadores em educação, abrangendo desde sistemas de tutoria inteligente até robótica sustentável, passando por ferramentas de *social reading* (leitura social), laboratórios remotos e holografia.	
	Apresentação do Relatório Final de Pós-Doutorado no Programa Tecnologias da Inteligência e Design Digital (TIDD) da PUC-SP, sob o título *Matriz de competências em ciência de dados educacionais*, no qual utilizamos técnicas de mineração e analítica de dados para identificar uma matriz de competências relacionadas a diferentes perfis educacionais, como docentes, gestores, designers instrucionais e estudantes.	
	Publicação do livro *Data science na educação*, pela Editora Saraiva, que explica e exemplifica os princípios de extração, interpretação e aplicação de conhecimento a partir da enormidade e diversidade de dados educacionais disponíveis.	
	Publicação do e-book *Tópicos em design instrucional* (Série Universitária), pela Editora Senac São Paulo, que traça um panorama dos processos e modelos de DI emergentes, oferecendo ao leitor e leitora um leque de cenários e ferramentas para construir soluções educacionais.	

(cont.)

Ano	Descrição	Acesso
2022	Publicação do livro *Design instrucional para professores*, pela Editora Senac São Paulo, voltado aos que estão na linha de frente da educação e reconhecem a necessidade de se atualizar para enfrentar os desafios contemporâneos com uma visão geral do DI, de suas etapas e de sua contribuição para a organização do trabalho docente.	
	Publicação do e-book *Educação a distância e tecnologias aplicadas à educação* (Série Universitária), pela Editora Senac São Paulo, que trata de aspectos conceituais, históricos, tecnológicos e didático-metodológicos da modalidade de ensino a distância, esclarecendo as relações com os ensinos presencial, híbrido e remoto.	
2023	Lançamento da edição revista e atualizada do *Metodologias inov-ativas na educação*, pela Editora Saraiva, com expansão das estratégias Faça Fácil para abarcar as mais recentes inovações em educação desde a publicação original em 2018.	
2024	Lançamento do livro *Transformação digital na educação: guia rápido para líderes e gestores*, em coautoria com Stella Porto, pela Editora Saraiva, para aqueles que buscam compreender e implementar a transformação digital em instituições de ensino de maneira estruturada e multidimensional, rumo a um futuro digital sustentável e ético.	
2025	Lançamento da edição americana do *Metodologias inov-ativas na educação*, sob o título *Technology-enabled learning and design methodologies: lessons from creative, agile, immersive, and analytical advancements*, pela Editora Routledge. Devido ao ritmo acelerado das inovações, essa edição aprofunda a discussão sobre a IA generativa na educação como parte do grupo de metodologias inov-ativas.	

INTRODUÇÃO

O cenário educacional atual

Vivemos como sociedade em plena transformação digital, um fenômeno que vem remodelando a forma como organizações, setores e governos operam e geram valor. Esse processo envolve a integração de tecnologias digitais em todas as esferas, promovendo mudanças estruturais e redefinindo os modelos de atuação.

A acelerada inovação tecnológica afeta praticamente todos os setores da sociedade. Na saúde, por exemplo, destaca-se o crescimento da telemedicina e o uso de inteligência artificial para diagnósticos mais precisos. No comércio, o e-commerce e as estratégias omnichannel estão transformando a experiência de compra. Até mesmo setores mais tradicionais, como a agricultura, estão sendo reinventados com o uso de drones e sensores para o monitoramento das plantações.

Na educação, a transformação digital também tem provocado mudanças significativas que se tornaram ainda mais evidentes durante a pandemia da covid-19. As plataformas de aprendizagem on-line possibilitaram que estudantes acessassem conteúdos educacionais e interagissem com professores e colegas de qualquer lugar e a qualquer momento.

No cenário pós-pandemia, muitas salas de aula tradicionais foram substituídas por ambientes de aprendizagem híbridos, que combinam o ensino presencial com o uso intensivo de ferramentas digitais. Além disso, a incorporação da análise de dados promete uma personalização sem precedentes do processo educacional, com algoritmos capazes de identificar as áreas em que cada estudante necessita de mais atenção, permitindo aos professores e a tutores inteligentes adaptarem as estratégias de ensino de maneira mais efetiva.

Tecnologias como realidade virtual e aumentada, gamificação e simulação digital também vêm sendo incorporadas para criar experiências de aprendizagem imersivas, especialmente em áreas como ciências e história. Isso para não mencionar a aprendizagem móvel e ubíqua, em que prevalece o uso de dispositivos portáteis em apoio a um tipo de aprendizagem mais ágil e *just-in-time*.

Vamos aos números. De acordo com o Censo Escolar 2023 pelo Ministério da Educação (MEC) e o Instituto Nacional de Estudos e Pesquisas Educacionais Anísio Teixeira (Inep), os avanços relacionados ao uso de tecnologias na educação foram significativos. O total de escolas públicas com internet aumentou em dezoito pontos percentuais (70,4% para 88,5%) entre 2019 e 2023.

Outro dado importante diz respeito ao uso de plataformas e ambientes virtuais de aprendizagem nas escolas. Segundo a TIC Educação – Pesquisa sobre o Uso das Tecnologias de Informação e Comunicação nas Escolas Brasileiras, elaborada pelo Centro Regional de Estudos para o Desenvolvimento da Sociedade da Informação (Cetic.br), em 2023, cerca de 40% das instituições utilizavam essas ferramentas, um avanço de sete pontos percentuais em relação a 2022. A porcentagem de adoção pelas instituições municipais fica abaixo dessa média, atingindo apenas 28%. Nas escolas particulares, esse resultado é de 58%, e nas públicas estaduais, 54%.

Em relação ao ensino superior, as estatísticas são do último Censo da Educação Superior, publicado em 2022 a partir de pesquisa feita pelo Inep em instituições de ensino públicas e privadas. Os dados mostram uma explosão da educação a distância (EAD) no Brasil, com um aumento de 700% no número de cursos ofertados nessa modalidade nos últimos dez anos, saltando de 1.148 em 2012 para 9.186 em 2022.

As estatísticas disponíveis não nos dizem muito sobre o que significa, em termos educacionais, uma escola de ensino fundamental ou médio usar ferramentas tecnológicas ou uma instituição de ensino superior oferecer cursos de educação a distância.

Embora certas iniciativas nada mais façam que confirmar modelos e práticas tradicionais, dando-lhes uma nova roupagem, a incorporação das tecnologias digitais ao cenário educacional também enseja a reavaliação dos modos de pensar e praticar a educação.

O papel do aluno, do professor, da avaliação e até a própria definição do que é saber estão sendo repensados, à medida que dispositivos móveis, redes sociais e plataformas de inteligência artificial invadem os espaços de aprendizagem tradicionais, ofertando recursos multimodais, interativos e inteligentes.

Outro fenômeno, de alcance internacional, também entra em cena, desalojando crenças arraigadas sobre os sistemas de educação convencionais. Ao mesmo tempo que se reconhece o papel estratégico da educação no contexto contemporâneo e as potencialidades vislumbradas pelas redes eletrônicas, testemunhamos uma tendência de industrialização dos processos de ensino e aprendizagem, transformando a educação em um negócio regido pelas leis de mercado de alcance transnacional.

Interesses diversos como os da indústria de hardware e software, que anseia expandir suas fronteiras comerciais; consultorias e *start-ups* educacionais que investem em um promissor nicho de mercado; universidades que vislumbram na modalidade a distância a possibilidade de atingir públicos antes inalcançáveis; dirigentes públicos que precisam atender a uma demanda cada vez maior por educação, além das pressões dos milhões de "conectados" que progressivamente descobrem fora dos muros escolares e universitários alternativas para o desenvolvimento pessoal, acadêmico e coletivo, formam um caldo de cultura para mudanças importantes nas formas de aprender e ensinar.

Contudo, seja por quais forem os interesses, tanto os educadores típicos quanto os novos atores do cenário educacional – incluindo tecnólogos, analistas de dados, engenheiros de produção, arquitetos da informação, etc. contratados para desenvolver plataformas, sistemas de gerenciamento da aprendizagem e uma miríade de aplicativos, incluindo aqueles movidos por inteligência artificial – acabam formulando as mesmas questões: que benefícios reais educadores e educandos podem obter a partir da intensificação da transformação digital? Que desafios e dificuldades surgem com a incorporação de tecnologias inovadoras à prática educacional?

Se entre os profissionais de educação – professores, coordenadores pedagógicos e diretores de instituições de ensino – a discussão, há algum tempo, repousava no dilema adesão *vs.* rejeição das tecnologias, a questão se desloca agora para as transformações na natureza do ensino e da aprendizagem, para as novas relações com o conhecimento e entre os atores do processo educativo, para a realização de projetos interdisciplinares, para as possibilidades e os desafios de lidar com sistemas inteligentes.

Compreender de que forma as tecnologias contribuem para o aperfeiçoamento do processo de ensino-aprendizagem representa uma oportunidade de redescobrir a natureza ímpar, insubstituível e altamente criativa da educação no processo de desenvolvimento humano e social.

Esse é o campo de pesquisa e atuação do design instrucional, entendido como o planejamento, o desenvolvimento e a utilização sistemática de métodos, técnicas e atividades de ensino para projetos educacionais apoiados por tecnologias.

Desde seu surgimento como ciência da instrução, o design instrucional esteve tradicionalmente vinculado à produção de materiais didáticos, mais especificamente à produção de materiais impressos.

Mas com o desenvolvimento das tecnologias digitais e, mais recentemente, com a popularização da inteligência artificial, e sua crescente incorporação às iniciativas educacionais, o design instrucional passou a ser entendido como um processo mais amplo. Envolve – além de planejar, preparar, projetar, produzir e publicar textos, imagens, gráficos, sons e movimentos, simulações, atividades e tarefas relacionados a uma área de estudo – maior personalização dos estilos e ritmos individuais de aprendizagem, adaptação às características institucionais e regionais, atualização a partir de feedback constante, acesso a informações e experiências externas à organização de ensino, favorecendo ainda a comunicação entre os agentes do processo (professores, alunos, equipe técnica e pedagógica, comunidade, e também agentes não humanos) e o monitoramento eletrônico da construção individual e coletiva de conhecimentos.

As transformações que acompanham o interesse renovado pela educação a distância e as expectativas em torno de uma educação híbrida com uso intenso de tecnologias iluminam de tal forma o design instrucional a ponto de recuperar seu *status* entre as teorias que embasam a pedagogia, a andragogia e, mais recentemente, a heutagogia.

Por essa razão, este livro explora as mais recentes discussões teóricas sobre o tema promovidas por pesquisadores acadêmicos e profissionais praticantes, confrontando-as com situações concretas de ensino, a fim de articular prática-teoria-prática na busca de uma compreensão mais completa e atualizada da educação.

1 Sociedade, educação e tecnologia

Falar de qualquer aspecto da educação nos dias de hoje obriga-nos a falar também de macrofenômenos relacionados que marcam uma ruptura de paradigma. A globalização e a digitalização caracterizam um novo tipo de sociedade, calcada na inovação, na agilidade e nas conexões.

Nesse contexto, a educação por toda a vida passa a ser uma exigência permanente de toda a sociedade, desembocando na compreensão da escola e da universidade como conceitos, e não como *locus*. Tal desterritorialização do ensino é acompanhada por transformações no perfil daqueles que aprendem: adultos amadurecidos pelas experiências de vida e do trabalho, ou gerações mais novas moldadas em uma sociedade totalmente digital.

Com incumbência de tal envergadura – formar pessoas para um mundo globalizado, imerso em uma cultura digital e em acelerada mudança –, a educação tradicional vê aflorarem novas formas de pensar, de construir e de comunicar o conhecimento, levantando importantes questionamentos quanto a seus objetivos, práticas e resultados.

Neste capítulo, procuramos refletir sobre caminhos para uma prática educacional que cumpra sua função social, reconhecendo na tecnologia uma aliada e que – iluminada por ela, não contraposta nem colocada em posição de subserviência – tenha condições de analisar criticamente o que lhe é proposto e impulsionar mudanças internas e externas baseadas em suas necessidades, valores e prioridades.

Muitos autores nacionais e internacionais têm se empenhado em compilar as crenças, os valores e as técnicas que caracterizam uma nova estrutura paradigmática para a ciência e a sociedade atual, a ponto de, a partir desse novo paradigma, gerarem novas teorias, inclusive no campo educacional.

Alguns deles descrevem as macromudanças sociais, econômicas, políticas e tecnológicas que culminaram no fenômeno da globalização.[1] Benefícios e malefícios à parte, esse processo universal, que envolve a circulação em ritmo acelerado de bens, investimentos, pessoas e informações, tem afetado significativamente e nas mais variadas dimensões a vida das nações, das empresas e das pessoas.

De especial interesse para a educação é o fenômeno da transformação da instrução em *commodity*, vinculado a um sistema de produção e entrega, investimento e retorno, distribuição e expansão mercadológica para além das fronteiras nacionais. Esse modelo fica mais patente no âmbito de algumas iniciativas de educação a distância, que visam "empacotar" uma experiência educacional, automatizando-a e multiplicando-a o quanto for possível, a fim de alcançar economia de escala em nível mundial.

Um novo olhar sobre o fenômeno da globalização destaca os benefícios de um currículo global e de uma filosofia de aprendizagem em rede que buscam formar "cidadãos globais", comprometidos com a promoção da paz, a preservação do meio ambiente, a igualdade de gênero,

---

1 Ver: NAISBITT, John; ABURDENE; Patrícia. **Megatrends 2000**. Nova York: Avon Books, 1990.
DRUCKER, Peter F. **Sociedade pós-capitalista**. São Paulo: Pioneira, 1993.
TOFFLER, Alvin. **A terceira onda**. 26. ed. Rio de Janeiro: Record, 2000.

o crescimento econômico inclusivo e sustentável, a justiça social e a redução das desigualdades.

Em uma sociedade que migra

da padronização		a personalização
do controle centralizado		a autonomia com responsabilidade
das relações antagonistas		as relações cooperativas
da tomada de decisão autocrática		a tomada de decisão participativa e orientada a dados
da obediência	para	a iniciativa
da conformidade		a diversidade
das comunicações unidirecionais		as redes de comunicação
da compartimentalização		o holismo
da orientação às partes		a orientação ao processo e aos resultados

somos impelidos a estabelecer uma nova lógica de ensino. Estão em xeque os currículos e as prioridades educacionais (o que ensinar), as abordagens metodológicas (como ensinar) e a própria institucionalização do ensino (quem detém o poder de ensinar e validar a aprendizagem).

O que interessa para o nosso tema, sem perder de vista o contexto mais amplo, são as possibilidades vislumbradas pela transformação digital na educação. Para isso, precisamos compreender alguns elementos básicos dessas tecnologias – não apenas os aspectos técnicos, funcionais e de infraestrutura, mas também o seu significado para as atividades humanas e sua influência sobre o conceito de design instrucional.

Tecnologia é um conceito fundamental que merece uma análise mais cuidadosa. Em termos gerais, é um corpo de conhecimentos que usa o método científico para manipular o ambiente, realizando uma fusão entre a ciência e a técnica. No campo educacional, considera-se que a escola, a sala de aula e o livro didático são tecnologias, tanto quanto o são equipamentos como o retroprojetor, o vídeo, o rádio, os computadores e toda sorte de *gadgets* relacionados à internet das coisas e, mais recentemente, à internet do corpo.

Devemos lembrar que esses são exemplos de tecnologias, mas não do conceito mais amplo de tecnologia educacional, que é

> [...] um modo sistemático de projetar, executar e avaliar o processo total de aprendizagem e ensino em termos de objetivos específicos, baseados na pesquisa sobre a aprendizagem e a comunicação humana, e empregando uma combinação de recursos humanos e não humanos para produzir uma instrução mais efetiva.[2]

Como veremos mais adiante, o conceito de design instrucional aproxima-se dessa definição.

Distinguir os diferentes tipos de tecnologia nos ajuda a compreender melhor o potencial subjacente à sua utilização para fins educacionais.

As tecnologias de informação podem ser definidas como processos de produção, armazenamento, recuperação, consumo e reutilização de informações dinâmicas e em constante atualização. Envolvem a digitalização de textos, imagens, sons e movimentos, que podem ser processados aritmética e logicamente, copiados quase indefinidamente sem perda de informação e decodificados em textos legíveis, imagens visíveis, sons audíveis, sen-

---

2 MCMURRIN, Sterling M. *apud* REIGELUTH, Charles M. (ed.). **Instructional--design theories and models**: a new paradigm of instructional theory. Mahwah: Lawrence Erlbaum Associates, 1999. v. 2. p. 669.

sações táteis ou ainda em ações de um robô ou outro mecanismo.

As tecnologias de informação são representadas basicamente pela metáfora do hipertexto, uma imensa rede de significados associados em permanente metamorfose. Compreender essa metáfora é tão importante que vale um breve parêntese histórico.

A história do hipertexto remonta a 1945, quando Vannevar Bush, renomado físico e matemático, publicou o ensaio intitulado "As We May Think", que expunha as funções do Memex, uma máquina capaz de armazenar e administrar todo o volume de informações disponível no mundo. Na década de 1960, Theodore Nelson cunhou o termo hipertexto para definir a nova tecnologia de escrita não sequencial que permitia ao leitor acessar informações interconectadas na tela de um computador, a partir de vários caminhos e em tempo real. Nas décadas seguintes, o desenvolvimento de múltiplas janelas de trabalho na tela do computador, a criação do *mouse* como dispositivo de manipulação de ícones, as conexões associativas (*links*) dentro de documentos e entre documentos de autoria diversa formaram o pano de fundo para a difusão de novas formas de organização e processamento do conhecimento, com destaque para a convergência de diferentes mídias (multimídia e, mais adiante, a transmídia) e a não linearidade no percurso exploratório.

As tecnologias de comunicação dizem respeito aos processos de transmissão de dados por meio de dispositivos técnicos, como fios elétricos, circuitos eletrônicos, fibras e discos ópticos. A transmissão dos dados se dá em uma velocidade determinada pela largura de banda e pela latência, unidades de medida importantes quando se pensa na educação digital.

Por meio de redes, computadores conectados interligam-se para trocar dados e transportar simultaneamente, em uma via de mão dupla, grandes quantidades de informação, de diferentes tipos e formatos.

Esse modelo interativo de comunicação representa um claro avanço aos dispositivos de comunicação unilaterais (um-para-muitos), como a TV analógica, o rádio, o cinema e a imprensa. Por meio de sofisticados mecanismos tecnológicos, possibilita comunicações bidirecionais (um-para-um), como correio eletrônico, correio de voz e serviços de mensagens instantâneas, e multidirecionais (muitos-para-muitos), como chats, fóruns, teleconferências, redes sociais e ambientes cooperativos, de formas síncrona e assíncrona, transformando relações de trabalho, de compra e venda, transações financeiras, ações de participação política, a comunicação de massa e as formas de fazer educação.

Podemos dizer que a grande revolução digital se deu quando a sociedade como um todo se apropriou da tecnologia: primeiro, com a disseminação dos microcomputadores, ou computadores pessoais (*personal computers* – PCs), na década de 1980, que trouxeram o poder de processamento de informação ao alcance dos indivíduos; e depois, com a expansão da internet comercial na década de 1990, que possibilitou a interligação de todos os computadores, grandes e pequenos, em uma rede de informações dinâmica, descentralizada e heterogênea.

Com o advento das redes sociais e a expansão maciça de dispositivos móveis a partir dos anos 2000, as ferramentas colaborativas passaram a mediar grande parte das interações sociais e educacionais.

Nas últimas duas décadas, a incorporação de tecnologias imersivas, como a realidade virtual (RV) e aumentada (RA), viabilizou experiências educacionais envolventes e interativas, permitindo aos estudantes explorar ambientes simulados, realizar experimentos virtuais e visualizar conceitos abstratos de maneira tangível.

Paralelamente, o desenvolvimento do *big data* e da inteligência artificial, especialmente a partir de 2010, abriu novas fronteiras para a personalização do ensino. Essas tecnologias analíticas permitem coletar, processar e interpretar grandes volumes de dados relacionados ao perfil, ao comportamento e ao desempenho dos estudantes, fornecendo insights valiosos para a construção de percursos customizados e estratégias de aprendizagem mais eficazes. Com isso, o foco se desloca para um ensino centrado no aprendiz, em que cada indivíduo pode progredir no seu próprio ritmo e de acordo com suas necessidades específicas, sem descuidar, contudo, das interações interpessoais que asseguram a aprendizagem social.

Além disso, a evolução das tecnologias inteligentes, na forma de assistentes virtuais, chatbots e plataformas de aprendizagem adaptativa, tem transformado o modo como é oferecido o suporte educacional. Desde meados dos anos 2010, esses sistemas, baseados em inteligência artificial e *machine learning*, são capazes de interagir com os alunos de forma personalizada, respondendo a perguntas, sugerindo conteúdos relevantes e ajustando o nível de dificuldade das atividades de acordo com o progresso do estudante. Essas inovações não apenas favorecem a aprendizagem autônoma e continuada, mas também ampliam o acesso à educação de qualidade, promovendo inclusão e equidade educacional.

Esse caldeirão de transformações atingiu um ponto crítico no início dos anos 2020, com a aceleração da digitalização imposta pela pandemia da covid-19. Tal evento sem precedentes atuou como um catalisador, intensificando e acelerando tendências que já estavam em curso. O resultado é a concretização de um modelo educacional impensável décadas atrás. Esse é o tema do capítulo seguinte.

2 Educação digital

Embora as relações entre educação e tecnologia sejam um assunto intensamente discutido nos últimos anos, ainda se nota certa dificuldade em lidar com conceitos básicos como educação, ensino, didática, aprendizagem e instrução. Evidentemente, não é objetivo deste livro analisar amplamente cada um desses conceitos, cuja compreensão varia conforme a corrente educacional adotada e suas visões particulares sobre o ser humano, o mundo, a sociedade, a cultura e o conhecimento.

Em termos gerais, o conceito de educação pode ser entendido como o processo de desenvolvimento de um ser humano com vistas à sua integração individual e social, envolvendo aspectos humanos, técnicos, cognitivos, emocionais, sociopolíticos e culturais.

O conceito de ensino está relacionado a um esforço intencional e orientado de pessoas, grupos ou instituições para formar ou informar os indivíduos. Dentro do conceito de ensino, encontramos o subconceito "instrução", de especial interesse para este trabalho, que será discutido em detalhes no capítulo 3.

O ensino envolve situações didáticas, que podem ser entendidas como um conjunto de circunstâncias com atividades particulares, nas quais as pessoas se encontram em determinado momento e se relacionam com outras pessoas, objetos e aspectos da realidade.

Aliás, didática, compreendida como a teoria do ensino e da aprendizagem em todas as situações e em todos os contextos possíveis, remete diretamente ao design instrucional, a ponto de se confundir com ele, na medida em que ambos se ocupam de questões de planejamento e implementação de situações de ensino-aprendizagem.

A propósito, aprendizagem diz respeito à ação de quem aprende (criança, adolescente, jovem ou adulto) e modifica seu próprio comportamento, sua conduta, seus conhecimentos e suas crenças. Ocorre por livre apreensão da realidade, independentemente do empenho de pessoas, grupos ou instituições (quando é caracterizada como aprendizagem informal, difusa), por iniciativa voluntária e individual de quem aprende (autodidatismo ou autodidaxia), ou pode estar vinculada a processos sistemáticos, formais e regulamentados (por exemplo, o sistema regular de ensino, a formação universitária, o treinamento corporativo, o condicionamento físico, o estudo de idiomas, o ensino religioso, etc.).

Precisamos pensar também nas novas expressões tecnológicas que se somam a essa profusa família de conceitos educacionais. Convém diferenciar alguns termos, às vezes usados de forma intercambiável, que representam modalidades e utilizações diferenciadas da tecnologia para fins educacionais.

A chamada educação digital é uma ação sistemática de uso de tecnologias, abrangendo as TICs e também as tecnologias colaborativas, imersivas, analíticas e inteligentes, para entrega de conteúdo educacional e proposição de atividades de aprendizagem e de avaliação, sem limitação de tempo ou lugar (*anytime, anyplace*). Sua principal característica é a mediação tecnológica do processo de ensino-aprendizagem.

É importante diferenciar a educação digital da educação a distância (EAD), que supõe separação espacial e temporal entre professor e aluno. A maior parte da interação entre quem aprende e quem ensina é indireta, mediada por recursos tecnológicos, mas não depende exclusivamente das tecnologias digitais (veja, por exemplo, a tradição do ensino por correspondência baseado apenas em mídia impressa).

Em contraposição, a educação presencial é a modalidade em que toda a comunicação entre professores e alunos acontece face a face. A educação semipresencial, alternativamente chamada educação híbrida ou mista (*blended/mixed learning*), combina as duas modalidades.

Também nos é útil distinguir a educação digital do chamado *e-learning* (*electronic learning*), cuja mediação eletrônica pode ou não incluir conexão em rede. Um exemplo de *e-learning* off-line são os pacotes multimídia configurados para estudo individual e independente de conexão em rede.

Fechando nossa lista de expressões relacionadas à educação e tecnologia, o neologismo inglês *edutainment* (*education + entertainment*) refere-se a uma forma de fazer educação que combina o entretenimento ao aprendizado. Relaciona-se à aprendizagem baseada em jogos e à gamificação, consolidadas nos últimos anos como abordagens adequadas para promover um aprendizado mais envolvente e motivador, especialmente entre as gerações mais novas, habituadas a experiências interativas e digitais.

O CONCEITO DE EDUCAÇÃO DIGITAL

Nesta obra, trabalhamos particularmente com o conceito de educação digital, que pode implicar maior ou menor separação espacial e temporal, maior ou menor interação face a face e maior ou menor conexão em rede, concretizando-se nas modalidades presencial, híbrida ou totalmente a distância.

Esse conceito fica mais claro quando o compreendemos como um *continuum* de ênfases didáticas, situações de aprendizagem e padrões de utilização das tecnologias. Tais variações vão desde o acesso individual a informações inalteráveis até a imersão total em um ambiente de prática liderado por um docente (professor, tutor ou monitor) e apoiado por uma comunidade de aprendizagem.

O quadro 2.1 mostra exemplos dos diferentes tipos de tecnologia utilizados na educação digital.

Quadro 2.1 Exemplos de utilização de tecnologias na educação digital

Tecnologias	Exemplos
Tecnologias de informação	Ferramentas de disseminação de conteúdo digital, recursos multimídia e repositórios de materiais. Sistemas de gestão de aprendizado (LMS) para organização e distribuição de conteúdo, permitindo acesso a qualquer hora e lugar. Recursos de vídeo, podcasts e artigos que oferecem informações estáticas, frequentemente atualizadas.
Tecnologias de comunicação	Ferramentas de comunicação síncrona e assíncrona, como fóruns de discussão, chats e videoconferências para interação entre alunos e professores. Serviços de mensagens instantâneas e redes sociais educacionais que facilitam o diálogo e o compartilhamento de ideias. E-mails e notificações relacionados ao conteúdo e às atividades.
Tecnologias colaborativas	Ambientes virtuais colaborativos que suportam trabalhos em grupo, como Google Docs e wikis, permitindo coautoria e feedback em tempo real. Ferramentas de brainstorming e mapas mentais que promovem a cocriação e o desenvolvimento de projetos em equipe. Plataformas de gestão de projetos educacionais que auxiliam na organização e no monitoramento das atividades colaborativas.
Tecnologias imersivas	Ambientes de realidade virtual e aumentada que proporcionam experiências imersivas, como simulações e laboratórios virtuais. Plataformas de gamificação que utilizam elementos de jogos para engajamento e aprendizado interativo. Ferramentas de realidade mista que combinam os mundos físico e digital para enriquecer o contexto educacional.
Tecnologias analíticas	Sistemas de *learning analytics* que monitoram o progresso e o desempenho dos alunos, identificando padrões e gerando relatórios. Ferramentas de avaliação formativa e somativa automatizada que ajudam a medir o conhecimento e as habilidades adquiridas. Plataformas de análise de dados educacionais que apoiam a tomada de decisões baseada em evidências.

(*cont.*)

Tecnologias	Exemplos
Tecnologias inteligentes	Assistentes virtuais e chatbots que oferecem suporte personalizado, respondendo a dúvidas e orientando o processo de aprendizagem. Sistemas de recomendação baseados em IA que sugerem recursos de aprendizagem personalizados com base no comportamento do usuário. Ferramentas de adaptação automática que ajustam o conteúdo e as atividades conforme o perfil e o progresso do aluno.

Os tipos de tecnologia utilizados na educação digital dependem, em grande parte, das condições de infraestrutura tecnológica e da capacidade humana em lidar com as tecnologias, mas também, e principalmente, dos objetivos de aprendizagem propostos, afetando diretamente os princípios e modelos de desenvolvimento do design instrucional.

Como podemos observar no quadro, as tecnologias de informação, com seu foco na apresentação e disseminação de conteúdos, de certa forma reproduzem os modelos tradicionais de ensino baseados em livros didáticos, apostilas e correspondência impressa, enfatizando a comunicação um-para-muitos e o estudo individual. Os benefícios estão na possibilidade de produção e distribuição de materiais de alta qualidade, em razão da economia associada à distribuição eletrônica, podendo conferir ao design instrucional níveis hollywoodianos de complexidade.

As tecnologias de comunicação, centradas na interação e no diálogo entre os participantes do processo educacional, simulam e intensificam a dinâmica social da sala de aula. Ferramentas de comunicação síncrona e assíncrona fomentam a aprendizagem social, transcendendo barreiras geográficas. Essas tecnologias exigem que os educadores desenvolvam novas habilidades de facilitação on-line e gestão de comunidades virtuais, além de desafiarem os designers instrucionais a criar atividades que estimulem interações significativas em ambientes digitais.

As tecnologias colaborativas, com seu foco na cocriação e no trabalho em equipe, promovem o desenvolvimento de habilidades essenciais no século XXI, como a colaboração, a cocriação e o pensamento crítico. Os alunos podem trabalhar juntos, em tempo real ou de forma assíncrona, independentemente de sua localização física. Isso exige um redesenho das atividades educacionais para aproveitar o potencial da construção coletiva de conhecimento, desafiando os designers instrucionais a criar ambientes que equilibrem autonomia individual e responsabilidade coletiva.

No campo das tecnologias imersivas, que proporcionam experiências de aprendizagem envolventes e contextualizadas, a realidade virtual, aumentada e mista proporcionam novas formas de interação com os conteúdos educacionais. Essas tecnologias potencializam a aprendizagem experiencial e situada, especialmente em áreas que requerem prática intensiva. Isso desafia os criadores de conteúdo a desenvolver narrativas e cenários educacionais ricos e interativos, ao mesmo tempo que levanta questões importantes sobre acessibilidade e inclusão.

As tecnologias analíticas, focadas no monitoramento, análise e otimização do processo de aprendizagem, fornecem insights sem precedentes sobre o desempenho e o engajamento dos alunos. A consequência é a promoção de uma cultura de ensino-aprendizagem baseada em evidências. Por outro lado, elas exigem que professores e designers instrucionais interpretem e tomem decisões a partir de dados complexos, levantando questões éticas sobre privacidade e uso responsável das informações.

Por fim, as tecnologias inteligentes, com seu foco no suporte personalizado e na adaptação dinâmica da aprendizagem, levam a personalização a um novo nível. O suporte individualizado alcança uma economia de escala, com agentes inteligentes respondendo a dúvidas e orientando o processo de aprendizagem de forma adaptativa. Isso desafia os designers instrucionais a criar sistemas que respondam efetivamente às necessidades dos alunos, ao mesmo tempo em que exige um cuidadoso equilíbrio entre automação e intervenção humana.

De fato, esse arsenal de tecnologias transforma profundamente o cenário educacional ao oferecer novas possibilidades para engajamento, personalização e efetividade no aprendizado. O sucesso na implementação dessas tecnologias depende da capacidade de alinhar seu uso com objetivos educacionais claros, considerando sempre as necessidades e os contextos específicos dos aprendizes. É exatamente no enfrentamento desse desafio que a importância do design instrucional fica ainda mais evidente, como veremos no capítulo a seguir.

3 Design instrucional

Em nossas leituras de textos nacionais, nas interações em congressos e em redes sociais, e sempre que o tema vem à tona, notamos grande preocupação com o uso da expressão design instrucional, a qual, por vezes, consome todas as oportunidades de avançar além da simples discussão semântica.

O termo original em inglês tem sido traduzido para o nosso idioma como "design", projeto ou desenho instrucional, educacional, pedagógico ou didático. Dadas as variadas expressões utilizadas, iniciamos o capítulo justificando nossa opção por design instrucional.

Originalmente (1588), o vocábulo inglês *design* significa "intenção, propósito, arranjo de elementos num dado padrão artístico", vindo do latim *designare*, "marcar, indicar", através do francês *designer*, "designar, desenhar".

Segundo Houaiss, "design" é a "concepção de um produto (máquina, utensílio, mobiliário, embalagem, publicação, etc.), especialmente no que se refere à sua forma física e funcionalidade".[1]

Essa definição encerra uma distinção entre o design de superfície, mais ocupado com os aspectos estéticos de um artefato e com a imagem de um produto no mercado, e o design de funcionamento interno dos objetos, mais ligado à engenharia (criação de estruturas, dispositivos e processos).

1 INSTITUTO Antônio Houaiss. **Dicionário eletrônico da língua portuguesa**. São Paulo: Objetiva, 2002.

De fato, o design acaba trazendo à superfície as funções internas de um produto, exprimindo-as não apenas visualmente, mas em diferentes níveis e formas, entre eles os modos sensoriais (cores, formas, texturas, sons) e os modos cognitivos (linguagem, metáforas, hipertexto, mapas conceituais, realidade virtual).

Isso nos ajuda a compreender que o design instrucional não se reduz à face visível de produtos instrucionais, nem se refere apenas a um planejamento abstrato de ensino, mas reflete a articulação entre forma e função, a fim de que se cumpram os objetivos educacionais propostos.

O design também é visto como um tipo de construção que envolve complexidade e síntese. Em períodos de relativa estabilidade social, a crítica tem por função introduzir no sistema certa dinâmica, e faz isso analisando o presente pelos meios de produção do passado. O design, por sua vez, dá forma ao ambiente social e cultural futuro por meio da disposição deliberada de recursos, e, por isso, se presta mais a períodos caracterizados por transformações sociais intensas e de longo prazo. Assim, podemos compreender o design como a ação de estabelecer uma agenda de objetivos futuros e de encontrar meios e recursos para cumpri-los.

Como vemos, há mais na palavra "design" do que a forte conotação na qual ela tem sido empregada – por exemplo, para descrever áreas de atuação como o design industrial e o design gráfico. Daí a origem de certa mistura entre as definições de design instrucional e web design, este último tratando do design de interface e, em muitos casos, também da programação web.

Para os propósitos desta obra, optamos pelo uso consagrado do vocábulo em outras áreas, que veem o design como o resultado de um processo ou atividade (um produto), em termos de forma e funcionalidade, com propósito e intenções claramente definidos.

INSTRUÇÃO

Da mesma forma que o vocábulo "design", o adjetivo "instrucional" também precisa ser mais bem compreendido, visto que há certa reserva com o termo original *instrução*, muitas vezes identificado como "instrução programada", "condicionamento" e até mesmo "doutrinação".

Para melhor compreender o que é instrução e, por consequência, design instrucional (design da instrução), recorremos à topologia do conceito de ensino, elaborada por Thomas Green.[2] Ela distingue com propriedade os vários subconceitos que formam a família do ensino:

- instrução (*instructing*);
- doutrinação (*indoctrinating*);
- treinamento (*training*);
- condicionamento (*conditioning*).

Thomas Green compara o conceito de ensino a uma pintura moderna, na qual aparecem manchas de diferentes cores, tão misturadas umas às outras que é praticamente impossível distinguir onde começa uma e onde termina a outra. Por essa razão, representa o conceito de ensino em um *continuum*, como mostra a figura 3.1:

2 GREEN, Thomas Franklyn. A topology of the teaching concept. *In*: HYMAN, Ronald Terry. **Contemporary thought on teaching**. Livre tradução de Erothildes M. B. da Rocha. Upper Saddle River: Prentice-Hall 1971.

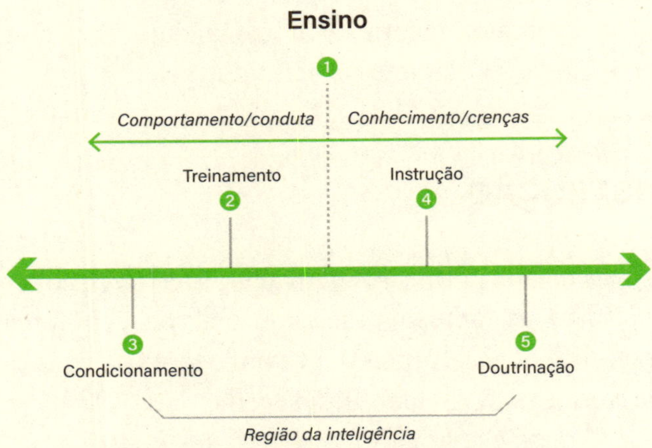

Figura 3.1 *Continuum* do ensino segundo Thomas Green

Da mesma maneira que as cores de uma pintura moderna, os conceitos que compõem a família de atividades do ensino se confundem imperceptivelmente com seus vizinhos, mas podem ser compreendidos com uma cuidadosa análise. Por isso, vale a longa citação:

> Inicialmente, deve-se reconhecer que o conceito de ensino (1) é molecular, ou seja, pode ser mais bem compreendido não como uma atividade única, mas como uma família inteira de atividades, na qual alguns membros parecem ter um significado mais fundamental do que os outros.
>
> Por exemplo, há uma íntima relação entre ensino e treinamento[...] Entretanto, eles não são idênticos. O treinamento (2) se assemelha ao ensino na medida em que pretende conseguir ações que demonstrem inteligência. Nesse sentido, o treinamento tem uma posição de fundamental importância no conjunto de atividades incluídas no ensino. Geralmente, porém, o tipo de inteligência visado no treinamento é limitado. Exclui o processo de fazer perguntas, ponderar evidên-

cias, em resumo, pedir e receber uma justificativa de regras, princípios ou reivindicações de fatos. Proporcionalmente, quando o treinamento requer uma demonstração cada vez maior de inteligência, assemelha-se cada vez mais claramente ao ensino [...]

Este ponto é intensificado quando consideramos o que acontece com o treinamento quando este requer cada vez menos demonstração de inteligência. Neste caso, o conceito se confunde imperceptivelmente com o que, em geral, chamaríamos de condicionamento (3) [...]

Podemos ver de outro modo esta importante diferença entre treinamento e instrução (4). Na medida em que *instruir envolve necessariamente uma espécie de conversação, em que são dadas razões, evidências, objeções, etc., é uma atividade de ensino mais estreitamente ligada à aquisição de conhecimento e crenças do que à formação de hábitos e modos de comportamento.* Treinar, ao contrário, implica mais a formação de hábitos e comportamentos e menos a aquisição de conhecimentos. Em resumo, *instruir está mais intimamente relacionado com a procura de compreensão.* Podemos treinar as pessoas a fazer certas coisas sem despender nenhum esforço para que compreendam o que fazem. Entretanto, *é logicamente impossível instruir alguém sem, ao mesmo tempo, tentar fazê-lo chegar a uma certa compreensão.* O significado disso, em seus termos mais simples e mais antigos, é que *a instrução envolve sempre questões de verdade e falsidade*, enquanto o treinamento não o faz. [...] *Se instruir envolve apresentar razões, evidências, argumentos, justificações, então a instrução relaciona-se essencialmente com a busca da verdade.*

A questão não consiste, entretanto, em supor que instruir requer necessariamente comunicação. Mais exatamente, requer certo tipo de comunicação, que inclui dar razões, evidências, argumentos, etc., a fim de se aproximar da verdade. A importância deste fato pode ser observada se considerarmos o que acontece quando a conversação instrucional centraliza-se cada vez menos sobre este tipo de comunicação. Não é necessário grande esforço de compreensão para ver que, proporcionalmente, quando a conversação instrucional é cada vez menos caracterizada por argumentos, razões, objeções, explicações, etc., quando esta se dirige cada vez menos à apreensão da verdade, cada vez mais se assemelha ao que se chamaria de doutrinação (5) [...]. Doutrinação, porém, é algo completamente diferente de instrução, e o fundamental nesta diferença é exatamente o fato de envolver um tipo diferente de conversação e, portanto, estar relacionada de outro modo com questões de verdade.[3]

Ao assumir que a instrução é uma atividade de ensino que se utiliza da comunicação para facilitar a compreensão da realidade, devemos ir além e ter o cuidado de diferenciá-la da distribuição eletrônica de informações e da instrução programada.

Em primeiro lugar, por mais modernas e eficientes que sejam as mídias eletrônicas na promoção da comunicação, é preciso destacar que:

> [...] instrução é mais do que informação, mesmo em se tratando do rico ambiente informacional da web. Instruir é mais do que prover *links* entre um provedor de informações e um aluno. O tipo de tarefa, o objetivo da instrução e as necessidades dos alunos precisam ser considerados. A instrução também inclui orientação ao aluno, feedback e prática, o que a informação sozinha não pode fornecer.[4]

3 *Ibid.*, p. 71-78. Livre tradução, grifo nosso.

4 MYERS, Kenneth L. Is there a place for instructional design in the information age? *In*: CLIFFS, Englewood. **Educational Technology**, v. 6, n. 39, p. 51, nov.-dez.

Por outro lado, automatizar a comunicação didática para controlar a aprendizagem e os comportamentos observáveis resultantes, embora exequível pela utilização de computadores como perfeitas "máquinas de ensinar", também restringe o emprego das tecnologias à mera programação de estímulos e respostas, o que está muito longe das potencialidades oferecidas pelo estágio atual de desenvolvimento das tecnologias digitais.

Esse tipo de aplicação das tecnologias para automatizar o processo de ensino-aprendizagem remete ao modelo instrucionista. Enraizado nas teorias behavioristas de aprendizagem, esse modo postula que a eficácia da educação é diretamente proporcional à qualidade e à estruturação da instrução fornecida. Essa lógica muitas vezes resulta em abordagens que privilegiam a transmissão linear do conhecimento e o controle sistemático do processo de aprendizagem, limitando o potencial transformador das tecnologias ao reduzi-las a verdadeiras "máquinas de ensinar", não importa quão sofisticadas sejam.

Em contrapartida, o modelo construcionista, fundamentado nas teorias cognitivistas e construtivistas de Piaget e expandido por Seymour Papert, enfatiza a construção ativa do conhecimento pelo aprendiz, valorizando a experiência, a experimentação e a resolução de problemas contextualizados. Nesse sentido, as tecnologias podem compor ambientes de aprendizagem nos quais os alunos não são meros receptores, mas criadores ativos de

1999. Ver também MERRILL, M. David. Instructional transaction theory (ITT): instructional design based on knowledge objects. *In*: REIGELUTH, Charles M. (ed.). **Instructional-design theories and models**: a new paradigm of instructional theory. Mahwah: Lawrence Erlbaum Associates, Inc., 1999. p. 401. v. 2. Reportando-se a Gagné, Merrill declara: "Informação que não inclui apresentação, prática e orientação ao aluno é informação, mas não instrução".

conhecimento. É importante ressaltar que o construcionismo não nega o valor da instrução, nem considera que a aprendizagem ocorre espontaneamente, mas redefine o papel do educador como facilitador e mediador de experiências de aprendizagem significativas.

Reigeluth, um dos maiores expoentes na área do design instrucional, sintetiza:

> Esse [novo] paradigma requer que nossa definição de *instrução* inclua o que muitos teóricos cognitivistas se referem como *construção* [...]: um processo de ajudar os alunos a construir seu próprio conhecimento, em oposição (ou em adição) a simplesmente transmitir informação ao aluno. A instrução precisa ser explicada de maneira mais ampla, como alguma coisa que é feita para facilitar a aprendizagem significativa.[5]

É essa concepção de instrução que norteia nossa visão sobre o design instrucional. Vejamos o que mais está implícito nesse conceito.

DESIGN INSTRUCIONAL

Dadas as definições de design como a concepção de um produto, em termos de sua forma e funcionalidade, com propósitos bem definidos, e de instrução como a atividade de ensino ligada à construção de conhecimentos que utiliza a conversação inteligente para apoiar a apren-

---

5 REIGELUTH, Charles M. (ed.). **Instructional-design theories and models**: a new paradigm of instructional theory. Mahwah: Lawrence Erlbaum Associates, Inc., 1999. p. 19-20. v. 2.

dizagem, podemos refinar nossa compreensão sobre o significado de design instrucional.

Quando se refere à produção de recursos instrucionais – no formato tradicional ou em sua versão digital –, o design instrucional aproxima-se mais do sistema de entrega de conteúdos que caracteriza a imprensa, a publicidade, os meios editoriais e, recentemente, a mídia eletrônica.

No entanto, como vimos anteriormente, se a instrução *não* equivale à informação, o design instrucional também *não* equivale ao tratamento e à publicação da informação.

O quadro 3.1 apresenta uma matriz comparativa entre o design instrucional e a ciência da informação, o campo de estudo dedicado à compreensão e gestão de processos relacionados à criação, organização, armazenamento, recuperação e disseminação da informação em diversos contextos, como acadêmico, empresarial e social.

Quadro 3.1 Comparação entre ciência da informação e design instrucional

	Ciência da informação	Design instrucional
Definição	Organização, seleção e apresentação de informações para recuperação rápida e precisa.	Uso de estratégias de aprendizagem testadas para projetar experiências de aprendizagem que permitam a construção de habilidades e conhecimentos.
Propósito	Apresentar a informação de modo claro e efetivo.	Otimizar a construção de habilidades e conhecimentos conforme definida pelos objetivos de aprendizagem.
Origens	Teoria da comunicação, design da mensagem e pesquisa sobre a interface humano-computador.	Psicologia, ciência da computação, engenharia, educação e negócios.
Resultados desejados	Informação facilmente acessível e útil.	Habilidades demonstráveis e conhecimento construído pelo aluno.
Estratégias de design	Interface de navegação e ferramentas de recuperação de informação.	Estratégias de demonstração orientadas empiricamente, prática orientada, prática não orientada e avaliação.
Escopo do conhecimento	Definido por especialistas de conteúdo e designers da informação.	Orientado pelo conjunto de habilidades e resultados de aprendizagem desejados.

(*cont.*)

	Ciência da informação	Design instrucional
Sequenciamento	Sob o controle do usuário; baixa previsibilidade de quais nós de informação serão visitados.	Varia do controle total pelo sistema até o controle total pelo aluno, dependendo dos resultados de aprendizagem desejados.
Medidas de eficiência	O tempo necessário para recuperar a informação desejada.	O tempo necessário para que o aluno domine o conteúdo.
Medidas de efetividade	Uma informação complexa se torna mais facilmente navegável e compreensível.	O aluno demonstra domínio sobre o conteúdo e transfere a aprendizagem para outras situações.

Tendo em mente essa importante distinção e as considerações anteriores, para os propósitos deste livro, adotamos o conceito de design instrucional como: a ação intencional e sistemática de ensino, que envolve o planejamento, o desenvolvimento e a utilização de métodos, técnicas, atividades, materiais, eventos, ambientes e experiências de aprendizagem em situações didáticas específicas, a fim de apoiar a aprendizagem humana.

MODELOS DE DESIGN INSTRUCIONAL

As estratégias instrucionais usadas para esquematizar os elementos fundamentais de uma situação didática são representadas em modelos de design instrucional.

Um modelo de design instrucional se refere ao processo que um professor, um designer instrucional ou uma equipe de profissionais de educação usa para preparar e planejar o ensino.

À parte uma multiplicidade de modelos projetados para diferentes contextos educacionais, como educação escolar, universitária, corporativa e treinamento governamental, os elementos de design instrucional agrupam-se nas seguintes fases, tradicionalmente associadas ao modelo ADDIE:

- **Análise** – envolve a identificação das necessidades de aprendizagem, a caracterização do público-alvo (incluindo seus conhecimentos prévios e expectativas, e o levantamento de potencialidades e restrições do contexto).
- **Design** – abarca a seleção de estratégias de aprendizagem apropriadas, a organização lógica do conteúdo, a definição de métodos de avaliação e a escolha de mídias e tecnologias. Geralmente resulta em um plano instrucional ou um mapa da jornada do aprendiz.
- **Desenvolvimento** – é quando os materiais e recursos didáticos são efetivamente produzidos com base no que foi definido na fase de design. Pode incluir a preparação de conteúdos escritos, a produção de vídeos e podcasts, a criação de atividades de aprendizagem interativas, o desenvolvimento de apresentações e quaisquer outros artefatos necessários para a ação educacional.
- **Implementação** – constitui-se na situação didática propriamente dita, em que o design instrucional é colocado em prática, seja em um ambiente de sala de aula tradicional, seja em uma plataforma digital ou em um formato híbrido. Inclui a preparação da equipe, a configuração do ambiente de aprendizagem e a entrega de conteúdos aos aprendizes. Também envolve o gerenciamento e o suporte contínuos durante o processo de aprendizagem.
- **Avaliação** – consiste na mensuração sistemática da eficácia da ação implementada. Inclui a coleta de feedback dos participantes, a análise dos resultados de aprendizagem em comparação aos objetivos estabelecidos, e a identificação de áreas que necessitam de melhoria.

O quadro 3.2 apresenta as fases de maneira mais detalhada e questões norteadoras que elucidam a metodologia de aplicação do design instrucional às situações didáticas.

Quadro 3.2 Fases e definições do design instrucional

Fase	Definição	Questões norteadoras
Análise	Identificação de necessidades de aprendizagem	▪ Qual é o problema ou necessidade que o design instrucional pretende abordar? ▪ Como essa necessidade se relaciona com o contexto mais amplo (por exemplo, diretrizes curriculares nacionais, objetivos organizacionais)? ▪ Quais são os resultados de aprendizagem esperados?
	Caracterização do público-alvo	▪ O que os alunos já sabem? ▪ O que precisam ou querem saber? ▪ Quais as suas características e preferências de aprendizagem? ▪ Em que ambiente ou situação aplicarão o que foi aprendido?
	Levantamento de potencialidades e restrições	▪ Em quanto tempo é preciso alcançar os objetivos de aprendizagem? ▪ Qual é o orçamento disponível? ▪ Quais são as restrições técnicas e legais? ▪ Quais são os recursos humanos e tecnológicos disponíveis para viabilizar o projeto? ▪ Quais são os riscos envolvidos?
	Definição da jornada de aprendizagem	▪ Qual é o ponto de partida (o nível atual de conhecimento ou habilidade dos aprendizes) e o ponto de chegada (o resultado final desejado)? ▪ Quais são os principais pontos de progresso ao longo da jornada? ▪ Como esses marcos se conectam? ▪ Em que momentos o aprendiz irá interagir com conteúdos, ferramentas e pessoas (docentes, mentores, especialistas ou pares)? ▪ Que oportunidades de aplicação prática serão oferecidas? ▪ Como a jornada de aprendizagem pode ser personalizada para acomodar necessidades individuais e diferentes ritmos de aprendizagem? ▪ Que recursos estarão disponíveis para apoiar o aprendiz durante toda a jornada?

(*cont.*)

Fase	Definição	Questões norteadoras
Design e desenvolvimento	Planejamento	▪ Como os objetivos de aprendizagem serão alcançados? ▪ Que estratégias de aprendizagem melhor se ajustam a esses objetivos? ▪ Como o conteúdo é mapeado, estruturado e sequenciado? ▪ Em que sequência o conteúdo e as atividades devem ser apresentados? ▪ Quais as mídias mais apropriadas para a apresentação do conteúdo? ▪ Quais as tecnologias mais apropriadas para a realização das atividades? ▪ Como os diferentes formatos de conteúdo (visual, auditivo, interativo) serão integrados para maximizar a construção de conhecimento e o engajamento dos alunos? ▪ Que recursos de aprendizagem devem ser elaborados?
	Produção de materiais e recursos	▪ Qual é o grau de interatividade (interação com o material) proporcionado pelos materiais e recursos? ▪ Qual é a identidade visual desses materiais e recursos? ▪ Quais são os mecanismos de atualização e personalização dos materiais? ▪ Que níveis de apoio docente e suporte tecnológico são oferecidos?
Implementação	Capacitação	▪ Os usuários (professores e alunos) precisam ser treinados para o uso dos materiais e a realização das atividades?
	Ambientação	▪ Os usuários precisam ser matriculados ou cadastrados para ter acesso a determinados recursos ou ambientes? ▪ De quanto tempo os usuários necessitam para compreender o funcionamento do sistema e os pré-requisitos para acompanhar o design proposto?
	Experiência de aprendizagem propriamente dita	▪ Em que local e condições a experiência de aprendizagem ocorre (presencialmente, semipresencialmente, a distância, no ambiente de trabalho, em situação de laboratório, em ambientes virtuais)? ▪ Como se dá a organização social da aprendizagem (individualmente, em grupos fixos, em grupos voláteis)? ▪ Como a aprendizagem dos alunos é avaliada? ▪ Como se dá o feedback por parte do professor?
Avaliação	Acompanhamento	▪ Como e quando a proposta de DI será avaliada (por observação, testes, feedback constante)? ▪ Quem fará essa avaliação (alunos e professores, equipe de desenvolvimento, patrocinadores e mantenedores, software de monitoramento da aprendizagem)? ▪ Quais são os resultados finais de aprendizagem (índices de aprovação, desistência, reprovação, abandono)? ▪ Como os resultados da avaliação serão comunicados às partes interessadas?
	Revisão	▪ Quais foram os problemas detectados na implementação? ▪ Que ajustes podem ser feitos para melhorar a experiência do aluno? ▪ Em que medida o design instrucional pode ser aperfeiçoado?
	Manutenção	▪ Que ações devem ser tomadas para possibilitar a sustentabilidade e a relevância contínua do projeto? ▪ Como será feita a atualização dos materiais didáticos para futuras edições? ▪ Quais recursos e suporte serão necessários para manter a plataforma ou os materiais atualizados ao longo do tempo?

Esse fluxo de atividades costuma ser expresso e praticado de maneira sequencial (em cascata), com uma fase se seguindo ao cumprimento da fase anterior, como mostra a figura 3.2.

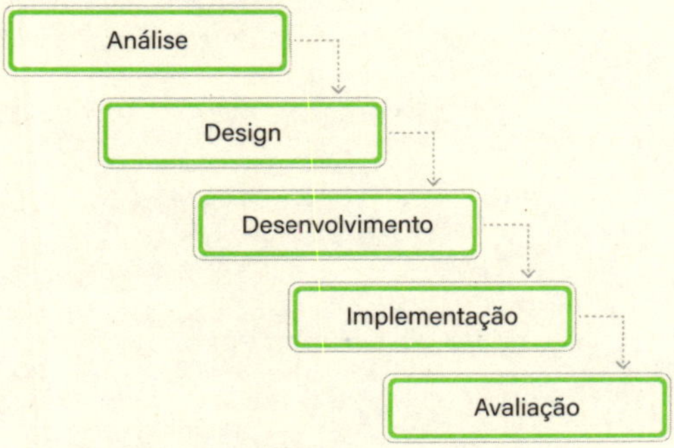

Figura 3.2 Modelo convencional de desenvolvimento de design instrucional

Em geral, o modelo tradicional sequencial é criticado em razão da separação entre as fases de concepção (análise, design e desenvolvimento, avaliação) e execução (implementação).

A argumentação se apoia no fato de esse modelo encarar todos os tipos de alunos segundo um perfil médio e estabelecer previamente objetivos específicos e observáveis para o ensino, adotando uma única metodologia aplicável a qualquer área do conhecimento.

Ou seja, projetos de design instrucional têm fracassado principalmente por causa dos problemas de implementação, que desconhecem aspectos físicos, organizacionais e culturais do ambiente no qual o design instrucional está sendo implementado.

Conforme Struchiner e outros autores,

> [...] o modelo tradicional de design instrucional, baseado na teoria de sistemas e no conceito de aprendizagem como um processo que pode ser previsto em seus mínimos detalhes, controlado, sequenciado, e cujos resultados possam ser mensurados, não dá conta tanto da complexidade como da flexibilidade propostas na abordagem construtivista, que tem uma visão totalmente diferenciada do conhecimento, desde a sua origem, desenvolvimento, construção e troca entre indivíduos.[6]

O que está implícito é que a teoria de instrução não pode divorciar-se de todo o cabedal teórico que explica os processos de aprendizagem humana.

Por essa razão, o capítulo seguinte tem como objetivo subsidiar as reflexões sobre os paradigmas dominantes de ensino-aprendizagem. Sem pretensão de esgotar qualquer um desses paradigmas, em razão das inúmeras implicações e dos desdobramentos relacionados, buscamos especificamente suas contribuições para o design instrucional.

6 STRUCHINER, Miriam *et al.* Elementos fundamentais para o desenvolvimento de ambientes construtivistas de aprendizagem a distância. **Tecnologia Educacional**, Rio de Janeiro, v. 26, n. 142, p. 3-11, 3 jul. 1998.

4 Paradigmas dominantes de ensino-aprendizagem: contribuições para o design instrucional

Historicamente, o design instrucional tem caminhado lado a lado com o desenvolvimento das teorias educacionais, formulando práticas de ensino alinhadas às descobertas científicas sobre a aprendizagem humana.

Em uma era de redes, crescimento acelerado e descentralizado dos saberes e perspectivas, o design instrucional precisa refletir uma visão de educação que se relacione transdisciplinarmente com outras áreas do conhecimento e reconheça os avanços e as críticas de correntes teóricas divergentes.

Assim, ao analisar as contribuições dos paradigmas dominantes de ensino-aprendizagem ao design instrucional, mais do que identificar uma sucessão temporal de pensamentos e práticas, com fronteiras claramente definidas e intransponíveis, adotamos uma perspectiva de diversidade. Essa perspectiva aposta na coerência teórica interna, mas consegue vislumbrar os pontos de intersecção entre os conhecimentos historicamente acumulados sobre o ensino, a aprendizagem e as tecnologias educacionais.

Por esse motivo, destacamos a relevância da convivência, não da concorrência, entre os diversos paradigmas de ensino-aprendizagem que se firmaram no campo do design instrucional.

COMPORTAMENTALISMO

Embora seja possível encontrar referências à aprendizagem e à memória em obras de pensadores como Aristóteles, Sócrates, Platão e, posteriormente, São Tomás de Aquino, os primórdios do design instrucional só podem ser identificados a partir do fim do século XIX e início do século XX, quando a psicologia foi gradualmente se separando da filosofia e se firmou como ciência focada nas sensações e na percepção.

Em consequência dessa necessidade de se descolar da filosofia, podemos dizer que, pelo menos até a metade do século XX, a psicologia deixou em segundo plano as discussões sobre os tópicos hoje chamados "cognitivos". A crescente atenção dada à produtividade que se seguiu à Revolução Industrial contribuiu para que a psicologia "aplicada" à educação estivesse mais interessada em mensurar do que em planejar a instrução ou as situações de ensino.

Nos idos de 1890, Thorndike[1] já conduzia as primeiras investigações sistemáticas sobre o fenômeno da aprendizagem, empregando os métodos próprios das ciências exatas. Nas primeiras três décadas do século seguinte, formulou a teoria conexionista, segundo a qual aprendizagem equivale ao estabelecimento de conexões entre estímulos e respostas.

O advento da Segunda Guerra Mundial representou para psicólogos e educadores o portentoso desafio de treinar rapidamente milhares de militares, recorrendo inclusive a filmes instrucionais, tecnologia mecanizada (máquinas de ensinar desenvolvidas por Sidney Pressey na década de 1920) e outros materiais específicos para a instrução.[2]

1 THORNDIKE, Edward. **Princípios elementares de educação**. São Paulo: Saraiva, 1936.

2 SERHAT, Kurt. Instructional design. **Educational Technology**, [*s. l.*], 26 mar. 2017. Disponível em: https://educationaltechnology.net/instructional-design/. Acesso em: 21 maio 2025.

Mager, Gagné e Briggs,[3] entre outros, passaram a pesquisar meios mais efetivos de planejar a instrução, cujos objetivos se traduziam em descrições de condutas que deveriam resultar em comportamentos observáveis e mensuráveis. Com a vitória americana e a experiência acumulada do treinamento militar, a pesquisa sobre aprendizagem, cognição e instrução ganhou fôlego e investimentos. Em 1949, com a publicação de *Basic Principles of Curriculum and Instruction*, Tyler[4] revelou a emergência do design e da tecnologia instrucional como ciência.

Em meados de 1950, Bloom[5] formulou a taxonomia dos objetivos educacionais com base em três domínios de aprendizagem: cognitivo (que trata da recuperação do conhecimento e do desenvolvimento de habilidades intelectuais), afetivo (que descreve mudanças nos interesses, atitudes e valores) e psicomotor (que inclui os sentidos humanos).

A taxonomia dos objetivos educacionais influenciou significativamente a sistemática do design instrucional, na medida em que criou uma linguagem comum e padronizada para identificar e classificar as atividades educacionais. Ao fim da década de 1960, a maioria dos professores americanos já escrevia e utilizava objetivos para definir o processo instrucional. No Brasil, sua dissemina-

---

3 MAGER, Robert Frank. **Preparing instructional objectives**: a critical tool in the development of effective instruction. Belmont: Pitman Lear, 1984.
GAGNÉ, Robert Mills. **Princípios essenciais da aprendizagem para o ensino**. Tradução de Rute Vivian Ângelo. Porto Alegre: Globo, 1980.
GAGNÉ, Robert Mills; BRIGGS, Leslie J. **Principles of instructional design**. Nova York: Holt, Rinehart and Winston (HRW), 1974.

4 TYLER, Ralph Winfred. **Principios básicos del currículo**. Buenos Aires: Troquel, 1973.

5 BLOOM, Benjamin. **Taxonomia de objetivos educacionais**. Porto Alegre: Globo, 1973.

ção ocorreu nos idos dos anos 1970, com a introdução dos guias curriculares na capacitação de professores das redes estaduais de ensino.

Outro importante marco no desenvolvimento do design instrucional ocorreu em 1965, quando Robert Gagné publicou *The Conditions of Learning*, no qual descreveu cinco tipos de resultado de aprendizagem (informação verbal, habilidades intelectuais, habilidades psicomotoras, atitudes, estratégias cognitivas), cada um dos quais exigindo um conjunto diferente de condições internas e externas para ser aprendido.

Gagné também apresentou nove eventos (atividades de ensino ou condições externas de aprendizagem) manipuláveis no processo da instrução para facilitar a aprendizagem: 1. estimular a atenção; 2. informar ao aluno os objetivos; 3. estimular a recuperação de pré-requisitos; 4. apresentar o material de estímulo; 5. proporcionar ajudas pedagógicas (guiar a aprendizagem); 6. elicitar a execução (fazer a aprendizagem acontecer); 7. propiciar retroalimentação informativa; 8. avaliar a execução; 9. promover a retenção e a transferência.

Entre os anos 1950 e 1960, impôs-se o movimento da instrução programada, que tinha em Skinner seu principal representante e fundamentava-se na definição de objetivos específicos a serem perseguidos, na divisão da instrução em pequenos passos, no estabelecimento de padrões de comportamento desejados, no respeito ao ritmo de aprendizagem individual para alcançar esses padrões e no feedback imediato.

A instrução programada se concretizou primeiramente em livros e aparelhos, como as máquinas de ensinar, e posteriormente, a partir dos anos 1980, em softwares educacionais que se apoiavam nos pressupostos comportamentalistas que ofereciam uma alternativa tecnológica à educação tradicional.

Não obstante a existência de uma verdadeira cruzada contra a abordagem comportamentalista nos dias atuais, podemos reproduzir uma série de contribuições-chave que essa corrente teórica representa para o design instrucional.

Quadro 4.1 Uma amostra dos insights comportamentalistas para o design de ambientes de aprendizagem

- **Aprender fazendo.** As pessoas aprendem melhor engajando-se ativamente em tarefas. Isso é comumente chamado de "prática".
- **Taxonomias.** Os resultados de aprendizagem podem ser diferenciados conforme seu tipo e complexidade – por exemplo, ligações estímulo-resposta simples, classificação conceitual e cumprimento de regras. Esses resultados são compilados em esquemas de classificação chamados taxonomias de aprendizagem, que por sua vez guiam a seleção de objetivos de aprendizagem e estratégias instrumentais.
- **Condições de aprendizagem.** Para cada tipo de aprendizagem podem ser identificadas condições que conduzem à aprendizagem efetiva. Identificar as condições de aprendizagem ótimas compõe a base da teoria instrucional prescritiva, usando a fórmula: para alcançar o objetivo X, aplique ou organize as condições Y.
- **Objetivos comportamentais.** A instrução deve basear-se em objetivos de aprendizagem claramente especificados em termos de comportamento. Explicitar a formulação de objetivos ajuda a relacionar os objetivos instrucionais com a avaliação, promovendo um controle mais apurado.
- **Foco nos resultados.** Professores e escolas são responsáveis pela aprendizagem de seus alunos. Comportamentos mensuráveis são o melhor índice de resultados de aprendizagem e devem ser usados para medir a efetividade instrucional.
- **Alinhamento.** A boa instrução apresenta um alinhamento ou consistência entre objetivos de aprendizagem, estratégias instrucionais e estratégias usadas para avaliar a aprendizagem do aluno. O desalinhamento desses componentes resulta em instrução inadequada ou injusta.
- **Decomposição de tarefas.** As pessoas aprendem melhor quando tarefas complexas são divididas em tarefas menores, mais manipuláveis, e aprendidas separadamente.
- **Pré-requisitos.** Subtarefas frequentemente se tornam pré-requisitos para tarefas maiores. Ou seja, os alunos aprendem uma tarefa maior facilmente quando dominaram primeiro as subtarefas. Isso leva à sequência instrucional que vai das partes para o todo.
- **Pequenos sucessos.** As subtarefas têm outra vantagem: permitem aos alunos alcançar o sucesso, que é reforçado, resultando em maior motivação para continuar.
- **Feedback sensível à resposta.** As pessoas aprendem melhor quando sabem que seus esforços estão corretos. Quando o desempenho não estiver correto, deve ser fornecida informação específica sobre o que está errado e como melhorar na próxima tentativa.
- **Ciência da instrução.** Os educadores necessitam ser precisos e sistemáticos em seu pensamento, ensino e avaliação dos alunos. A educação pode ser tratada como uma ciência ou tecnologia aplicada, em que, mediante investigação empírica, são descobertos e aplicados os princípios.

(*cont.*)

- **Suporte ao desempenho.** As pessoas precisam de suporte à medida que desempenham suas tarefas, por meio de auxílios à tarefa, sistemas de ajuda e sistemas de feedback e incentivo. Instrução e suporte no trabalho (*on-the-job*), no momento exato (*just-in-time*), funcionam melhor. Em geral, quanto mais próximo o ensino estiver das condições de transferência, mais efetiva será a aprendizagem.
- **Instrução direta.** Oferecer direções claras, apresentações bem preparadas, exemplos adequados e oportunidades para praticar e transferir – são métodos comprovados que resultam em aprendizagem substancial pelo aluno.
- **Pré-teste, diagnóstico e contextualização.** Os alunos não devem ser forçados a suportar um mesmo programa instrucional para todos. Em vez disso, a instrução deve ramificar-se em tratamentos alternativos conforme as habilidades prévias, a motivação e outras variáveis críticas.
- **Transferência.** A fim de ser capaz de transferir habilidades de uma tarefa para outra, os alunos precisam praticá--las. Se os alunos nunca tiverem oportunidades de praticar a transferência de suas habilidades, não se deve esperar que sejam capazes de desempenhá-las em situações de teste.

Fonte: adaptado de WILSON, Brent; MYERS, Karen. Situated cognition in theoretical and practical context. *In*: JONASSEN, David; LAND, Susan (ed.). **Theoretical foundations of learning environments**. Mahwah: Lawrence Erlbaum, 2000.

COGNITIVISMO

A despeito das sementes lançadas por Piaget[6] nos anos 1920, somente nas décadas de 1950 e 1960 evidenciam-se os primeiros sinais da chamada revolução cognitiva no campo do design instrucional.

Em oposição ao comportamentalismo, cujo foco principal é a manipulação do ambiente externo como mecanismo de mudança de condutas observáveis, o paradigma cognitivista implica estudar cientificamente a aprendizagem como sendo mais do que um produto do ambiente, de pessoas ou de fatores externos ao aluno.

A intensa ênfase sobre os esquemas mentais que caracteriza o cognitivismo coincide historicamente com o desenvolvimento da tecnologia computacional a partir da metade do século XX, revelando uma compreensão dos processos mentais que se assemelha aos padrões de funcionamento das máquinas de computação. A compa-

6 PIAGET, Jean. **Seis estudos de psicologia**. Rio de Janeiro: Forense, 1967.
PIAGET, Jean. **Nascimento da inteligência na criança**. Rio de Janeiro: Zahar, 1982.

ração da mente humana com a estrutura básica de um computador estabeleceu como novo paradigma o modelo de processamento da informação.

De acordo com esse modelo, a mente, tal qual um computador, recebe inicialmente registros sensoriais que são processados e armazenados na forma de esquemas, os quais são ativados e reestruturados no processo de aprendizagem, e recuperados quando necessário.

Toda a pesquisa cognitiva decorrente buscou avanços na compreensão dos mecanismos internos de representação do mundo exterior e nas estratégias de retenção das informações. Por essa razão, dedicou-se quase exclusivamente ao estudo da memória, à parte do contexto sociocultural, como se a informação equivalesse a um construto neural observável.

Wilson e Myers apresentam os conceitos-chave da pesquisa no campo do processamento da informação que influenciaram e continuam influenciando o design instrucional.

Quadro 4.2 Princípios de processamento da informação relacionados ao design de ambientes de aprendizagem

- **Estágios de processamento da informação.** Os seres humanos processam a informação em estágios estáveis, sequenciais, injetando informação sensorial na memória perceptiva e depois na memória de trabalho de longo prazo, e finalmente gerando resposta. Em muitos aspectos, as pessoas são máquinas de processamento da informação cujos pensamentos e comportamentos podem ser modelados e simulados.
- **Modelagem de tarefas.** As tarefas podem ser modeladas usando fluxogramas e outras representações sequenciais. Esses modelos – chamados "análise de tarefa cognitiva" – podem ser usados para apontar prováveis erros e fazer a instrução mirar mais especificamente no alvo para a habilidade.
- **Atenção.** A atenção é frequentemente dirigida para as novidades ou mudanças no ambiente. A atenção pode ser comprometida quando a instrução oferece novidade demasiada ou insuficiente, provocando ansiedade ou tédio, respectivamente.
- **Percepção seletiva.** Nossos objetivos, expectativas e compreensões atuais colorem nossas percepções. Servem como filtros para o mundo e modelam nossas estruturas e respostas cognitivas. Essa natureza seletiva da percepção tem implicações para o sequenciamento instrucional, a motivação e o treinamento metacognitivo.

(cont.)

- **Sobrecarga da memória.** Somente somos capazes de manter na mente cerca de cinco a sete pedaços (*chunks*) de informação de cada vez. Quando a instrução exige demais dos limites da memória de trabalho, os problemas aparecem. Os maiores aprimoramentos podem ser feitos por meio de análise cuidadosa e revisão da instrução para reduzir as demandas de memória. Estratégias sensíveis à memória incluem: sequenciar a instrução do mais simples para o mais complexo; permitir acesso a guias de referência; e progredir em pequenos passos com repetição frequente e elaboração.
- **Tipos de conhecimento.** Dois tipos de conhecimento são fundamentais: a) conhecimento declarativo (saber o quê): armazenado como proposições em redes semânticas; b) conhecimento procedimental (saber como): armazenado como regras E-SE (IF-THEN) e gabaritos de reconhecimento de padrões. Esses tipos de conhecimento são frequentemente identificados na linguagem cotidiana como conhecimento e habilidade. Tanto o conhecimento declarativo como o conhecimento procedimental dependem das representações de regras ou informações armazenadas na memória.
- **Codificação significativa.** A informação é armazenada na memória de longo prazo de maneira que se torne acessível para recuperação sempre que for conveniente.
- **Decomposição (*chunking*).** A informação é quebrada em pedaços (*chunks*) conforme se organiza em unidades significativas, tornando-se mais fácil de ser lembrada. A informação assim quebrada em pedaços se ajusta melhor e ajuda-nos a superar os limites da memória de trabalho.
- **Compilação de habilidades.** Pela prática repetida, as habilidades se tornam compilações ou rotinas. Vários passos procedimentais são combinados em um todo único, facilitando o desempenho e disponibilizando os recursos cognitivos para outras partes de uma tarefa complexa. Falar sobre ou desaprender um procedimento transformado em rotina pode ser difícil, porque os detalhes da tarefa são perdidos e precisam ser reconstruídos. A automaticidade é conseguida quando uma segunda tarefa pode ser desempenhada simultaneamente sem prejuízo da primeira tarefa.
- **Elaboração.** As pessoas fazem ligações entre os materiais e seus conhecimentos anteriores utilizando o pensamento ativo e a reflexão. Quanto mais conexões, mais significativa e mais estável será a aprendizagem.
- **Metacognição.** A solução de problemas envolve conhecimento declarativo e procedimental, e algo mais: aquilo que chamamos conhecimento metacognitivo, envolvendo automonitoramento, autorregulação, sabendo quando e onde desenvolver nossas estratégias e conhecimento.
- **Motivação.** Motivação é o que faz as pessoas agir. Enquanto as explicações comportamentalistas se referem tradicionalmente a instintos, impulsos, estímulos e reforços, os teóricos cognitivistas confiam em modelos de processamento e estrutura cognitiva. Os conceitos-chave são incentivos, autoeficácia, expectativa × valor, atribuições de sucesso/fracasso, desempenho × objetivos de aprendizagem, motivação intrínseca × extrínseca.
- **Especialistas × novatos.** Os especialistas diferem dos novatos em uma série de aspectos, entre os quais: a) mais informação de domínio específico para explorar; b) rotinas de desempenho de domínio específico mais refinadas; c) um compromisso com períodos estáveis de prática deliberada (prática reflexiva com a intenção específica de aperfeiçoar a habilidade).
- **Desenvolvimento humano.** O crescimento das crianças em conhecimento e habilidade pode ser interpretado como uma série de estágios das formas de raciocínio concreto para abstrato, ou uma acumulação de conhecimento procedimental e declarativo sobre o mundo. Os adultos também crescem em sua compreensão epistemológica; esse crescimento pode ser caracterizado em termos de estágios, movendo-se de concepções de conhecimento fixas e autoritárias para concepções que reconhecem a importância da interpretação e da perspectiva. Em ambos os casos, a instrução deve corresponder aos níveis de desenvolvimento.
- **Mudança conceitual.** As pessoas constroem o sentido de seus mundos a partir da referência a esquemas, modelos mentais e outras estruturas complexas de memória. As diferenças entre a exigência encontrada e os esquemas podem promover investigação e reflexão para resolver o conflito. A instrução deve ajudar os alunos a assimilar e acomodar novas informações aos esquemas e às estruturas cognitivas existentes.

Fonte: adaptado de WILSON, Brent; MYERS, Karen. Situated cognition in theoretical and practical context. *In*: JONASSEN, David; LAND, Susan (ed.). **Theoretical foundations of learning environments**. Mahwah: Lawrence Erlbaum, 2000.

(SOCIO)CONSTRUTIVISMO

Às portas do século XX, Dewey[7] já confrontava os métodos tradicionais de ensino, enfatizando a necessidade de a educação estar engajada com as experiências de vida. Data de 1967, contudo, um dos marcos da consolidação do construtivismo, com a publicação do modelo de aprendizagem por descoberta de Bruner, na obra *Toward a Theory of Instruction*. Segundo esse autor, o conhecimento é um processo, não o acúmulo de sabedoria científica armazenada em livros-textos. Para aprender conceitos e resolver problemas, os alunos devem ser colocados diante de situações discrepantes, de modo que a aprendizagem se dê através da descoberta. O ensino deve estar relacionado aos contextos e experiências pessoais. O currículo deve ser organizado de maneira espiral, de modo que conceito seja construído sobre conhecimento previamente construído.

A mesma linha segue a concepção genético-evolutiva piagetiana, segundo a qual o conhecimento é fruto da interação entre o sujeito e o objeto (ou mundo exterior), por meio de um processo permanente de construção e reconstrução que resulta na formação das estruturas cognitivas. Se as estruturas lógicas do pensamento são elaboradas ativamente pelo indivíduo, a aprendizagem não pode equivaler a uma recepção passiva do conhecimento. O ensino é, nessa perspectiva, a ação de potencializar e favorecer a construção de estruturas cognitivas.

Nos anos 1930, Vigótski, psicólogo e filósofo russo, traz para a educação a perspectiva socioconstrutivista.

---

7 DEWEY, John. **Como pensamos**. São Paulo: Nacional, 1933.

DEWEY, John. **The child and the curriculum and the school and the society**. Chicago: The University of Chicago Press, 1956.

DEWEY, John. **Vida e educação**. São Paulo: Melhoramentos, 1973.

Para o autor, as funções psicológicas superiores são fruto do desenvolvimento cultural, e não do desenvolvimento biológico. É a aprendizagem que sustenta o desenvolvimento humano, não o inverso.

A formação de processos superiores de pensamento se dá pela atividade instrumental e prática, em interação e cooperação social, na zona de desenvolvimento proximal,[8] objeto de atuação instrucional. Os instrumentos psicológicos ordenam e reposicionam a informação, por meio da inteligência, memória e atenção. Os sistemas de representação, como, por exemplo, a fonética, os sistemas gráficos e a linguagem, fazem a mediação instrumental, enquanto a mediação social ocorre pela interação interpessoal.

Para Vigótski,

> a instrução somente é boa quando vai adiante do desenvolvimento, quando desperta e traz à vida aquelas funções que estão em processo de maturação ou na zona de desenvolvimento próximo.[9]

Em conformidade com esses princípios estão os pressupostos da cognição situada, segundo a qual o conhecimento está localizado na ação de pessoas e grupos. Aprender é muito mais ação individual de obter informação geral a partir de um corpo de conhecimentos descontextualizados. É um fenômeno social, um processo dialético que envolve interagir com outras pessoas, ferramentas e

---

8 Do conceito de zona de desenvolvimento proximal deriva o método da andaimaria, constituído de intervenções tutoriais inversamente proporcionais ao nível de competência do aluno.

9 COLL, César *et al.* (ed.). **Desenvolvimento psicológico e educação**: psicologia da educação. Tradução de Angélica Mello Alves. Porto Alegre: Artes Médicas, 1996. p. 95.

o mundo físico (que existem dentro de um contexto histórico com significados, linguagem e artefatos culturais próprios). Assim, interação social e colaboração são componentes críticos para a aprendizagem.

Mais uma vez, a aprendizagem é reputada como uma atividade inerentemente social, na qual o diálogo cooperativo permite que os participantes experimentem similaridades e diferenças entre vários pontos de vista. Professores, materiais instrucionais e colegas de classe são vistos como fontes de informação e insights que podem ser consultados para resolver problemas reais. Valorizam-se as estratégias de ensino que habilitam os alunos a aplicar múltiplas perspectivas a um problema e a assumir a postura de que, para entender o ponto de vista dos outros, é necessário dialogar, e não apenas ouvir. Assim, a aprendizagem deve ocorrer em um ambiente social, não como uma ação privada, e precisa estar situada em contextos realistas e que interessam aos alunos.

Nos anos 1990 a visão (socio)construtivista se dissemina no campo do design instrucional, vencendo resistências de construtivistas radicais que se opõem a qualquer recomendação sobre formas de ensinar.

Wilson[10] destaca que o (socio)construtivismo não é uma estratégia de ensino a ser desenvolvida sob determinadas condições, mas uma filosofia, um modo de ver o mundo. Identifica as premissas básicas do construtivismo como a estrutura teórica que celebra a complexidade e a multiplicidade de perspectivas que caracterizam o paradigma pós-moderno (quadro 4.3).

---

10 WILSON, Brent G. Introduction: what is a constructivist learning environment?. *In*: WILSON, Brent G. (ed.). **Constructivist learning environments**: case studies in instructional design. Englewood Cliffs: Educational Technology Publications, 1996.

Quadro 4.3 As relações entre construtivismo e pós-modernismo

Pós-modernismo	Construtivismo
▪ O conhecimento é construído por pessoas e por grupos de pessoas. ▪ A realidade é formada por múltiplas perspectivas. ▪ A verdade se fundamenta no cotidiano e nas relações sociais. ▪ A vida é um texto; pensar é um ato de interpretação. ▪ Os fatos e os valores são inseparáveis. ▪ A ciência e todas as outras atividades humanas são carregadas de valores.	▪ A mente é real. Os eventos da mente merecem ser estudados. ▪ O conhecimento reside na mente. ▪ O conhecimento é dinâmico. ▪ O significado é construído. ▪ A reflexão/abstração é crítica para o desempenho excelente. ▪ Aprender inclui construir representações. ▪ Ensinar é negociar a construção de significados. ▪ Pensamento e percepção são inseparáveis.

Fonte: adaptado de WILSON, Brent G. Introduction: what is a constructivist learning environment?. *In*: WILSON, Brent G. (ed.). **Constructivist learning environments**: case studies in instructional design. Englewood Cliffs: Educational Technology Publications, 1996.

E ainda temos as implicações da teoria socioconstrutivista para o design instrucional on-line sintetizadas no quadro 4.4.

Inspirados pelos pressupostos do construtivismo, autores como Jonassen e Wilson,[11] entre outros, vêm pesquisando o desenvolvimento de modelos de design instrucional que possibilitem a criação de um espaço favorável à construção do conhecimento, um ambiente construtivista de aprendizagem.

Nesse espaço de aprendizagem, grupos de alunos (e não alunos, individualmente) são encorajados e apoiados (não controlados ou programados) a explorar suportes de informação como livros, materiais impressos,

---

11 JONASSEN, David. Designing constructivist learning environments. *In*: REIGELUTH, Charles M. (ed.). **Instructional-design theories and models**: a new paradigm of instructional theory. Mahwah: Lawrence Erlbaum Associates, Inc., 1999. v. 2. WILSON, Brent G. Introduction: what is a constructivist learning environment?. *In*: WILSON, Brent G. (ed.). **Constructivist learning environments**: case studies in instructional design. Englewood Cliffs: Educational Technology Publications, 1996. WILSON, Brent G. Reflections on constructivism and instruction design. *In*: DILLS, Charles. R.; ROMISZOWSKI, Alexandre J. (ed.), **Instructional development paradigms**. Englewood Cliffs: Educational Technology Publications, 1997.

Quadro 4.4 Princípios do pensamento vigotskiano e suas implicações para o design instrucional on-line

- **A aprendizagem é orientada à demanda.** Os ambientes virtuais de aprendizagem podem rastrear a história, o perfil e o progresso do aluno, bem como estratégias e conteúdos personalizados, organizados segundo as prioridades de aprendizagem e relacionados a tarefas e projetos embutidos em um contexto de atividades significativas.
- **A aprendizagem é uma construção social mediada pelos atores sociais por meio de linguagem, signos e ferramentas.** Os ambientes virtuais de aprendizagem devem capitalizar as dimensões social, comunicativa e colaborativa, possibilitando o discurso mediado. Devem dispor de ferramentas facilitadoras para o engajamento nas tarefas (por exemplo, mapas conceituais) que enfatizem a construção do conhecimento.
- **A aprendizagem se refere à formação de identidade ou ao ato de tornar-se membro de uma cultura dentro de zonas de desenvolvimento proximal estipuladas.** Os ambientes virtuais de aprendizagem devem criar uma dependência estrutural entre os indivíduos, capitalizando os diversos níveis de conhecimento da comunidade, e permitindo o crescimento e a interação contínua entre os novatos e os mais capazes.
- **A aprendizagem é reflexiva e metacognitiva, internalizando do social para o individual.** Os ambientes virtuais de aprendizagem podem facilitar a reflexão e a metacognição, permitindo a aprendizagem pela prática e pela reflexão na ação.
- **A aprendizagem está incorporada em ricos contextos culturais e sociais – envolvendo conhecimento implícito e explícito.** Os ambientes virtuais de aprendizagem devem ser baseados na internet de modo que, por uma plataforma de rede, os alunos possam acessar os ambientes em seus próprios contextos, por diferentes tipos de interação e pela emergência do conhecimento tácito.
- **A aprendizagem é socialmente distribuída entre as pessoas, as regras e as ferramentas.** Os ambientes virtuais de aprendizagem devem facilitar a localização da informação e oferecer ferramentas que otimizem o desempenho humano.
- **A aprendizagem equivale a transferir conhecimentos de uma situação a outra, descobrindo significados relacionais e associados nos conceitos.** Os ambientes virtuais de aprendizagem podem desafiar os alunos a refletir sobre os princípios e conceitos aplicáveis a outros contextos, por meio da observação e análise de informações organizadas visualmente e de padrões ou variáveis relativamente estáveis.

Fonte: HUNG, David. Design principles for web-based learning: implications from Vygotskian thought. **Educational Technology**, Englewood Cliffs, v. 30, n. 2, p. 33-40, maio/jun. 2001.

vídeos, etc. e ferramentas tecnológicas como programas de processamento de texto, e-mail, ferramentas de pesquisa, entre outras, formando verdadeiras "comunidades de aprendizagem".

Perkins[12] sugere que todos os ambientes de aprendizagem, tradicionais ou virtuais, devem apresentar os seguintes componentes:

12 PERKINS, David N. Technology meets constructivism: do they make a marriage? **Educational Technology**, Englewood Cliffs, v. 31, n. 5, p. 18-23, 1991.

- **Bancos de informação:** repositórios de informação, tais como livros-textos, professores, enciclopédias, videoteipes, audiovisuais, revistas, etc.
- **Suportes simbólicos (symbol pads):** superfícies para a construção e manipulação de símbolos e linguagens, como blocos de nota, cartões de indexação, processadores de texto, aplicativos gráficos e programas de bancos de dados.
- **"Fenomenaria" (*phenomenaria*):** áreas para apresentação, observação e manipulação de fenômenos naturais *in vivo* ou simulados, tais como aquários, micromundos físicos, programas de simulação, etc.
- **Kits de construção:** coleções de materiais para manipulação, tais como legos, blocos, software de manipulação matemática.
- **Gerenciador de tarefas:** elementos que apoiam professores e alunos na definição de tarefas, provisão de orientação, feedback e mudanças de rumo. Entre esses elementos, podemos citar sessões de aconselhamento e consultoria, programas de classificação, dispositivos de avaliação e programas de instrução programada.

Tais ambientes de aprendizagem certamente incluem suporte e orientação apropriados, bem como recursos e ferramentas diversificados e enriquecedores. Para eles, a complexidade inerente a um ambiente de aprendizagem construtivista – que implica inevitavelmente algum nível de incerteza e imprevisibilidade – não impede o planejamento e o design instrucional.

Segundo Struchiner e outros autores,

> [...] Isso não quer dizer que o planejamento sistemático e cuidadoso não seja recomendável, nem possível. Ao contrário,

> a natureza complexa das interações em ambientes de aprendizagem exige a articulação de princípios e modelos conceituais na criação de espaços criativos que ofereçam suporte, estimulem a aprendizagem e possibilitem aos alunos atingirem suas metas.[13]

O ponto é que o foco do design instrucional passa da pré-especificação de estratégias completas para a provisão de ferramentas e recursos que os participantes poderão usar de maneira modular e flexível conforme suas necessidades de aprendizagem venham à tona.

Mas, antes de nos aprofundarmos nessa questão, complementamos nossa análise com algumas correntes teóricas que proporcionam subsídios à compreensão da educação de adultos: a andragogia, a pedagogia freireana e a abordagem humanista.

CORRENTES TEÓRICAS COMPLEMENTARES

Dimensão andragógica

Tomando por base o contexto de mudanças apresentado no capítulo 1, caracterizado por uma sociedade em constante aprendizado, com cidadãos e trabalhadores aprendendo por toda a vida, faz-se necessária uma teoria de design instrucional que considere cada vez mais a natureza e as condições específicas do aprendiz adulto.

---

13 STRUCHINER, Miriam *et al.* Elementos fundamentais para o desenvolvimento de ambientes construtivistas de aprendizagem a distância. **Tecnologia Educacional**, Rio de Janeiro, v. 26, n. 142, p. 3-11, 3 jul. 1993.

E ela existe, sob o nome andragogia, termo cunhado por Alexander Kapp em 1833 e que nos anos seguintes circulou pelos países europeus suscitando oposições e defesas até se incorporar à teoria instrucional americana por meio de Knowles nos anos 1970.

Inicialmente contraposta à pedagogia, a andragogia buscou sua identidade desvinculando-se do sentido de condução por um guia, por um líder, tal como o professor.

Knowles e outros autores[14] se basearam na premissa de que o adulto se caracteriza fundamentalmente pelo autodirecionamento, decorrente de uma maturação orgânica (prontidão) que o faz um ser independente e autônomo.

Além da maturação orgânica, o adulto segue acumulando cada vez mais experiências, que se constituem num importante banco de recursos para o desenvolvimento da sua aprendizagem autônoma. Sua capacidade de aprender se torna progressivamente orientada para tarefas relacionadas aos seus papéis sociais, e sua perspectiva quanto à aplicabilidade do conhecimento é imediata. Assim, o adulto enxerga a aprendizagem como algo relacionado a problemas práticos a serem solucionados. Em consequência, não há por que aplicar a ele os princípios pedagógicos formulados para crianças.

A figura 4.1 representa a maturação humana natural, cuja progressão equivale proporcionalmente ao aumento de sua independência e autonomia, e posiciona a adequabilidade do emprego da pedagogia e da andragogia na linha temporal de desenvolvimento humano.

---

14 KNOWLES, Malcolm S.; HOLTON, Elwood F.; SWANSON, Richard A. **The adult learner**: the definitive classic in adult education and human resource development. Houston: Gulf Publishing, 1998.

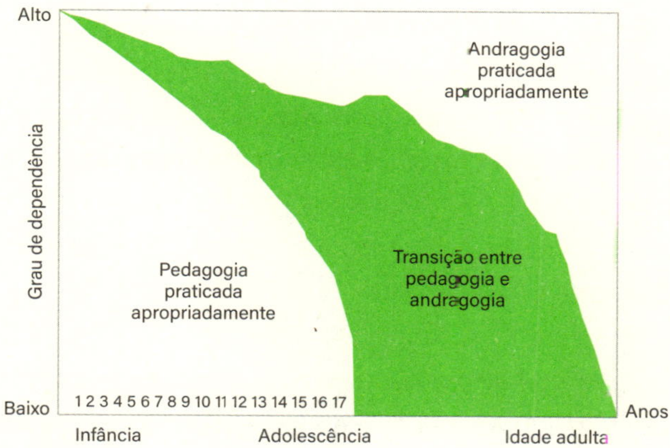

Figura 4.1 Uso adequado da pedagogia e da andragogia conforme as fases de desenvolvimento humano

Fonte: adaptado de KNOWLES, Malcolm S.; HOLTON, Elwood F.; SWANSON, Richard A. **The adult learner**: the definitive classic in adult education and human resource development. Houston: Gulf Publishing, 1998.

A pedagogia seria apropriada nos primeiros anos de vida, sendo paulatinamente substituída pela andragogia, à medida que a maturação orgânica fosse alcançada e a cultura educacional estimulasse o desenvolvimento das habilidades necessárias à aprendizagem autônoma.

Traduzindo em categorias didáticas, a aprendizagem autônoma implica que os alunos possam:

- reconhecer suas necessidades de estudo;
- formular objetivos para o estudo;
- selecionar conteúdos;
- projetar estratégias de estudo;
- arranjar materiais e meios didáticos;
- identificar fontes humanas e materiais adicionais e deles fazer uso;
- organizar, dirigir, controlar e avaliar o processo de aprendizagem.

Essa visão da aprendizagem autônoma nos adultos carrega evidentes pontos de concordância com a abordagem construtivista, de modo que seria possível identificar a andragogia com uma pedagogia avançada ("a melhor pedagogia").

Pedagogia freireana

Mas a tese de Knowles sobre o autodirecionamento do adulto não é aceita por todos. Alguns autores consideram frágil apoiar toda uma teoria educacional exclusivamente sobre a maturidade cognitiva e as experiências anteriores dos alunos adultos.

Isso fica evidente na pedagogia freireana, que reconhece que a educação se realiza em outros lugares além da escola. Para Paulo Freire,[15] a aprendizagem acontece pela interação entre o sujeito e o objeto dentro de contexto determinado, e leva à tomada de consciência que permite transformar o mundo. É a educação progressista e emancipatória que faz crescer a consciência histórica e libertária. E, em consonância, as tecnologias têm um potencial transformador da sociedade e facilitador da solidariedade humana.

Dimensão humanista

A preocupação com o ser humano integral e o seu desenvolvimento ao longo de toda a vida (o que remete à aprendizagem por toda a vida) justifica a crescente in-

---

15 FREIRE, Paulo. **Educação como prática da liberdade**. Rio de Janeiro: Paz e Terra, 1967.

fluência da abordagem humanista sobre a educação nas últimas décadas.

Tendo em Rogers[16] seu maior representante, a corrente humanista coloca a ênfase no sujeito como principal elaborador do conhecimento e acredita no potencial de todos os seres humanos para o desenvolvimento. A educação humanista é centrada no aluno, visto como um ser único que traz para a situação didática um conjunto também único de experiências e necessidades. O ato de aprender é, por essa razão, extremamente pessoal e experiencial.

A experiência constitui um conjunto de realidades vivenciadas que possuem significados reais e funcionam como ponto de partida para o crescimento. O currículo (ou o conteúdo) não é um fim em si mesmo, mas um meio de promover os objetivos de desenvolvimento humano.

Apesar de pessoal, a aprendizagem não ocorre em isolamento, pois é mais bem suportada em um ambiente cooperativo. Cabe ao professor o papel de facilitador, auxiliador e parceiro no processo de aprendizagem.

Ao valorizar o afeto, a abordagem humanista contribui para uma visão holística e integradora do processo de ensino-aprendizagem e para uma teoria abrangente da instrução, respondendo a questões ignoradas por outras correntes teóricas.

Embora as estratégias instrucionais assumam importância secundária na educação humanista, e a não diretividade deva impulsionar as práticas de ensino, reproduzimos no quadro 4.5 uma lista de dezesseis princípios instrucionais associados.

16 ROGERS, Carl. **Tornar-se pessoa**. São Paulo: Martins Fontes, 2002.

Quadro 4.5 Contribuições da abordagem humanista para o design instrucional

- Ênfase no processo de aprendizagem.
- Autodeterminação, refletida na autonomia, autodireção e autoavaliação do aluno.
- Cuidado e compreensão mútuos entre professores, alunos e outras pessoas (conectividade).
- Relevância dos materiais, incluindo prontidão do aluno para aprender.
- Integração de afeto e cognição no processo de ensino-aprendizagem.
- Consciência das condições ambientais, culturais, históricas, políticas e econômicas nas quais ocorre a aprendizagem.
- Preferência por abordagens afetivas e experienciais de aprendizagem.
- Abordagem da mudança social que é antiautoritária, com o propósito de servir à sociedade, melhorando suas instituições educacionais.
- Equidade, consenso e colaboração por meio da participação democrática no processo de aprendizagem.
- Orientação ao crescimento pessoal que enfatiza a autoatualização por meio da autoconsciência.
- Orientação às pessoas com base na confiança e em uma visão positiva da humanidade.
- Ênfase no individualismo.
- Perspectiva concreta e pragmática da realidade.
- Autoavaliação com ênfase na avaliação formativa sobre a avaliação somativa.
- Variedade e criatividade, refletidas em espontaneidade, originalidade e diversidade na aprendizagem.
- Orientação transpessoal que salienta o desenvolvimento holístico da pessoa, incluindo seu potencial para a espiritualidade.

Fonte: SHAPIRO, Stewart B. *apud* BROCKETT, Ralph G. *et al.* **Humanism as an instructional paradigm**. Englewood Cliffs: Educational Technology Publications, 1997.

Um design instrucional humanista possibilita, principalmente, a criação de um clima de equidade dentro do qual os alunos são tratados com respeito e dignidade, já que encara cada indivíduo como possuidor de potencial para alcançar o sucesso.

Acreditamos que esses princípios estarão cada vez mais presentes no design instrucional, principalmente em se tratando da aprendizagem on-line. Ao contrário do que permite visualizar uma visão limitada à abordagem instrucionista, as tecnologias trazem à tona os valores individuais e comunitários mais caros à espécie (autodeterminação, mediação pela linguagem, colaboração entre os pares), tornando a experiência educacional cada vez mais rica e diversificada conforme o contexto no qual ela está ancorada.

A ideia decorrente de que é necessário personalizar ou contextualizar o design instrucional é quase uma redundância, dado o atual desenvolvimento da ciência da educação. Suas bases psicológicas, sociais e filosóficas prodigamente têm comprovado a importância do ambiente físico e sociocultural, dos condicionantes históricos e das relações interpessoais para a aprendizagem humana. Por essa razão, o capítulo seguinte discute o papel do contexto no design instrucional.

Dimensão heutagógica

O conceito de heutagogia (do grego *heuta* = próprio + *agogus* = guiar, conduzir, educar) surgiu em 2000 a partir da definição de Hase e Kenyon para a autoaprendizagem e o conhecimento compartilhado, característicos de um mundo em contínua transformação, que exige flexibilidade e proatividade para atuar em espaços de convivência e trabalho carregados de incertezas.[17]

O foco está no desenvolvimento de aprendizes capazes e autônomos, preparados para o mundo dinâmico e complexo do século XXI.

O princípio fundamental da heutagogia é o papel da agência humana na aprendizagem. O aprendiz está no centro de toda prática heutagógica. Ele é o principal responsável por decidir o que será aprendido, como será aprendido e como isso será avaliado.

---

17 HASE, Stewart; KENYON, Chris. From andragogy to heutagogy. **Ultibase Articles – Southern Cross University**, Adelaide, v. 5, p. 1-10, 2000.

Ao definir seu próprio percurso de aprendizagem, o aprendiz desenvolve habilidades como metacognição, pensamento crítico, resolução de problemas, adaptabilidade, criatividade e relacionamento interpessoal.

As tecnologias digitais inovadoras desempenham um papel crucial ao possibilitar um design centrado no aprendiz e proporcionar oportunidades para exploração, criatividade, colaboração e networking.

Sob o guarda-chuva heutagógico, reúnem-se teorias que explicam como as pessoas aprendem em um mundo digital e em constante mudança. Entre elas podemos citar o conectivismo e a emergente teoria sobre o uso da inteligência artificial na educação.

Conectivismo

No cenário de uma sociedade permeada por tecnologias e redes como aquela em que vivemos, George Siemens cunha em 2005 o termo conectivismo para explicar a aprendizagem em uma era digital e conectada.[18]

A seu lado, Stephen Downes teve um papel fundamental no desenvolvimento e na disseminação da teoria. Juntos, eles criaram o primeiro MOOC (Massive Open Online Course) baseado no conectivismo, que ajudou a popularizar a teoria.

Ao contrário das teorias tradicionais que se concentram na cognição individual, o conectivismo defende que o conhecimento pode residir fora de nós, ou seja, em outras pessoas, em comunidades, nas organizações e até

---

18 SIEMENS, George. Connectivism: a learning theory for the digital age. **International Journal of Instructional Technology and Distance Learning**, [*s. l.*], v. 2, n. 1, jan. 2005.

mesmo em aplicativos não humanos, como bases de dados digitais e sistemas inteligentes.

Se o conhecimento está distribuído em uma rede de conexões, aprender é um processo que implica identificar padrões e fazer a conexão entre diferentes informações. A capacidade de reconhecer conexões entre campos, ideias e conceitos é uma habilidade-chave.[19]

Dessa forma, a capacidade de "aprender mais" e de "decidir o que aprender" é mais importante do que o conhecimento. De fato, a tomada de decisão é em si mesma um processo de aprendizagem.

Desses princípios derivam diversas implicações para o DI, as quais são reunidas no quadro 4.6.

Quadro 4.6 Contribuições do conectivismo para o design instrucional

- **Abordagem centrada no aprendiz.** O conectivismo muda o foco da aprendizagem centrada no professor para a aprendizagem centrada no aluno. Ele incentiva os alunos a assumir o controle de sua aprendizagem, navegando e criando suas próprias redes de aprendizagem.
- **Uso intensivo de tecnologias.** Ferramentas como mídias sociais, fóruns on-line e plataformas colaborativas são essenciais para facilitar a aprendizagem em rede.
- **Adaptabilidade.** Sob o conectivismo, o DI deve ser flexível e adaptável a ponto de acomodar uma realidade em acelerada mudança. Isso significa desenhar experiências de aprendizagem abertas e que estimulem a exploração e a descoberta.
- **Design para a conectividade.** O DI deve criar ambientes que promovam a formação de conexões entre alunos, recursos e ideias, em vez de incentivar a memorização de informações. Isso pode ser alcançado por meio de projetos colaborativos, fóruns de discussão e conteúdos interativos.
- **Incentivo à aprendizagem autodirigida, autorregulada e por toda a vida.** Os alunos devem ser incentivados a buscar informações e, através do pensamento crítico, avaliar sua confiabilidade e integrá-las à sua base de conhecimento existente. Uma vez que o conhecimento está em constante evolução, a aprendizagem deve permear a vida inteira das pessoas.
- **Complexidade e diversidade de perspectivas.** Para o conectivismo, tanto o conhecimento quanto a aprendizagem residem na diversidade de perspectivas e opiniões. Aprender é, portanto, um fenômeno complexo e não linear. O DI deve acomodar diversos percursos de aprendizagem e disponibilizar pontos de entrada que atendam a várias necessidades e experiências de aprendizagem.

19 SIEMENS, George. **Knowing knowledge**. Lexington: Creative Commons, 2006.

A expressão visível de um DI conectivista são os MOOCs, que podemos acessar em plataformas de aprendizagem aberta como Coursera, Udemy, Udacity e edX. Eles fornecem experiências de aprendizagem escaláveis, autônomas e envolventes para um público massivo e diversificado. Além disso, enfatizam a modularidade do conteúdo, a interatividade, o feedback automatizado e a aprendizagem social, ao mesmo tempo que promovem a acessibilidade e a personalização.

O design é multimodal e adaptável a diferentes dispositivos (smartphones, tablets, laptops) e condições de largura de banda, sendo acessível a um público global, com diferentes níveis de capacidade tecnológica. Considera ainda aprendizes com deficiência, ao incluir recursos como legendas, transcrições e interfaces acessíveis.

O conteúdo é organizado em módulos ou unidades curtas e gerenciáveis, permitindo flexibilidade e aprendizagem em pequenos blocos, incorporando elementos de microaprendizagem e gamificação para manter o engajamento.

A avaliação pode ser automatizada por meio de quizzes e exercícios corrigidos automaticamente, podendo ser complementada por autoavaliação e revisão por pares. Há uma adoção pesada da analítica de aprendizagem visando a avaliação formativa e a melhoria contínua.

O suporte técnico, a contextualização global e a consideração de questões éticas e de privacidade são essenciais, assim como a criação de comunidades de prática que se estendam além dos MOOCs, buscando equilibrar a escala massiva com uma experiência de aprendizagem personalizada, interativa e relevante.

Em resumo, o conectivismo de Siemens desafia os designers instrucionais a criar ambientes de aprendizagem que reflitam a natureza interconectada e dinâmica do conhecimento na era digital. Isso implica uma mudança de foco da transmissão de conteúdo para o desenvolvimento de habilidades que permitam aos alunos navegar e criar suas próprias redes de aprendizagem.

Inteligência artificial na educação

A inteligência artificial (IA) surgiu oficialmente como uma disciplina acadêmica na Conferência de Dartmouth, em 1956. Antes disso, Alan Turing publicou um artigo clássico sobre máquinas pensantes, no qual propôs o que mais tarde ficou conhecido como o teste de Turing, uma avaliação da capacidade de uma máquina de exibir comportamento inteligente.[20]

Embora não haja uma definição única para a IA, existe um consenso de que sistemas baseados em IA "são potencialmente capazes de imitar ou até superar as capacidades cognitivas humanas, incluindo percepção, interação linguística, raciocínio e análise, resolução de problemas e até criatividade".[21]

A IA oferece uma ampla gama de aplicações na educação – desde ferramentas de análise de sentimentos para avaliar o engajamento e os estados emocionais dos alunos até a robótica para construir e manipular máquinas programáveis.

Todas essas possibilidades estão transformando rapidamente o cenário educacional, influenciando a ma-

---

20 FILATRO, Andrea. **Data science na educação**: presencial, a distância e corporativa. São Paulo: Saraiva, 2021.

21 KUKULSKA-HULME, Agnes *et al.* **Innovating pedagogy 2020**: open university innovation report 8. Milton Keynes: The Open University, 2020.

neira como aprendemos e ensinamos. Essa transformação interconecta três dimensões que exploramos a seguir.[22]

1. **Aprender para a IA** – o mundo impulsionado por IA afeta vários aspectos da vida social, com inovações como veículos autônomos no transporte, análise automática de imagens médicas na saúde e substituição potencial de diversas funções desempenhadas por humanos. À medida que a IA se dissemina, é crucial abordar desafios como o viés algorítmico, a proteção de dados pessoais e a desinformação gerada por IA, além de seus impactos em vários campos, desde a saúde e as finanças até as ciências ambientais e as artes. Para preparar os alunos para um mundo cada vez mais influenciado pela IA, as instituições educacionais, como escolas, faculdades e universidades, precisam mudar de foco. Em vez de enfatizar a aquisição de conhecimentos, devem promover o desenvolvimento de habilidades inerentemente humanas, como pensamento crítico, comunicação, colaboração, criatividade e tomada de decisões complexas – áreas em que os computadores ainda estão atrás dos humanos.
2. **Aprender sobre IA** – esta dimensão implica desmistificar a IA e educar as pessoas sobre seu funcionamento, aplicações e implicações. Começa com a introdução de conceitos fundamentais desde a infância, usando ferramentas e plataformas adequadas para cada idade. À medida que os alunos avançam, eles aprofundam sua compreensão dos princípios mate-

22 FILATRO, Andrea; CAVALCANTI, Carolina Costa. **Technology-enabled learning and design methodologies**: lessons from creative, agile, immersive, and analytical advancements. Abingdon: Routledge, 2025.

máticos e estatísticos subjacentes à IA. Esse conhecimento é essencial não apenas para aqueles que seguirão carreiras em IA, mas para qualquer pessoa que interaja com tecnologias de IA em sua vida pessoal ou profissional.

3. **Aprender com IA** – a integração de ferramentas inteligentes ao processo educacional oferece inúmeras oportunidades para aprimorar as experiências de aprendizagem. Ela se manifesta em três orientações principais:
   - **Aplicações orientadas para o sistema educacional** – apoiam funções administrativas, como marketing, finanças, previsão de matrículas e análise de interações dos alunos com ambientes digitais para identificar aqueles em risco de evasão.
   - **Aplicações orientadas para o aluno** – envolvem ferramentas alimentadas por IA, como sistemas de tutoria inteligente, que oferecem assistência e feedback em tempo real 24 horas por dia, sete dias por semana, além de percursos de aprendizagem personalizados. Essas aplicações também incluem avaliação automática de redações, chatbots (robôs de conversação) para apoiar alunos com informações e notificações, e experiências de realidade aumentada e virtual para facilitar simulações interativas e laboratórios virtuais.
   - **Aplicações orientadas para professores** – apoiam os professores em vez de substituí-los, aprimorando sua capacidade de ensinar de maneira eficaz. Assistentes de ensino com IA podem fornecer informações relevantes, ajudar a gerenciar as salas de aula e sugerir agrupamentos para atividades colaborativas.

Essas três dimensões não são isoladas, mas profundamente interconectadas. Formam uma abordagem holística para assegurar que a educação acompanhe os avanços tecnológicos e prepare os indivíduos para um futuro em que a IA é cada vez mais onipresente.

A rápida disseminação da IA generativa a partir do lançamento do ChatGPT em 2022 demonstra a força dessa tecnologia.

Como um tipo avançado de IA, os algoritmos da IA generativa aprendem a partir de padrões encontrados em uma base de dados para gerar novos conteúdos em vários formatos, incluindo imagens, vídeos, áudio, texto, código e modelos 3D.

Tanto alunos quanto educadores podem interagir com a IA Gen por meio de prompts. Eles fornecem um comando (como uma pergunta ou tarefa), e a IA gera uma resposta correspondente. Por exemplo, um professor pode pedir à IA que desenvolva um plano de aula sobre determinado tópico, e a IA gerará um plano detalhado a partir de sua base de conhecimento.

O advento da IA Gen provocou um grande debate sobre seu impacto na educação, incluindo o ensino e o design instrucional.[23]

Seu potencial inclui a automação de tarefas repetitivas, o processamento de dados e algumas formas de geração de conteúdo, além da análise preditiva e a tomada de decisão com base em grandes conjuntos de dados, muitas vezes superando as capacidades humanas em termos de velocidade e precisão.

---

23 BAIDOO-ANU, David; OWUSU ANSAH, Leticia. Education in the era of generative artificial intelligence (AI): understanding the potential benefits of ChatGPT in promoting teaching and learning. **Journal of AI**, [*s. l.*], v. 7, n. 1, p. 52-62, jan./dez. 2023.

Pesquisas sugerem que as interações mais produtivas entre seres humanos e sistemas inteligentes são aquelas que adotam um modelo de parceria, em vez de simplesmente delegar tarefas funcionais para a IA.

Nesse modelo, a IA serve como um parceiro de pensamento sempre ativo, contribuindo tanto para o planejamento estratégico quanto para a execução de tarefas em todo o fluxo de trabalho de ponta a ponta.[24]

O quadro 4.7 resume algumas das principais contribuições da IA em parceria com os designers instrucionais nas diferentes fases do DI.

Quadro 4.7 Contribuições da IA para o design instrucional

- **Fase de análise.** A IA pode processar grandes volumes de dados de pesquisa ou feedbacks do aluno para identificar temas, sentimentos e padrões comuns, destacando áreas de necessidade ou interesse. Ela faz isso através da análise de texto e do processamento de linguagem natural, enquanto o designer instrucional conduz entrevistas com as partes interessadas e refina os objetivos sugeridos pela IA.
- **Fase de design.** A IA pode auxiliar na curadoria de conteúdo existente em grandes bancos de dados ou na internet com base em objetivos de aprendizagem específicos. Além disso, pode propor estratégias instrucionais e gerar ideias para atividades de aprendizagem, enquanto o designer instrucional refina essas estratégias, combinando as sugestões da IA com sua experiência pessoal.
- **Fase de desenvolvimento.** A IA pode gerar conteúdo estruturado como resumos, definições, slides de apresentação e perguntas de múltipla escolha com base em instruções claras e exemplos e modelos existentes. Pode sugerir elementos interativos e auxiliar na preparação de *storyboards* ou roteiros multimídia, enquanto o designer instrucional refina o conteúdo iterativamente e incorpora as sugestões da IA adaptadas ao contexto de ensino.
- **Fase de implementação.** A IA pode automatizar tarefas relacionadas à gestão de ambientes de aprendizagem, como a inscrição de alunos. Pode ainda fornecer feedback em tempo real sobre o engajamento dos aprendizes e sugerir adaptações de conteúdo ou percurso, enquanto o designer instrucional faz ajustes em tempo real e utiliza os insights da IA para a melhoria contínua.
- **Fase de avaliação.** A IA pode processar e analisar pontuações de testes e outros dados de desempenho para identificar tendências e padrões. Pode realizar análises preditivas e sugerir melhorias potenciais, enquanto o designer instrucional interpreta dados e desenvolve estratégias de intervenção humana ou com o apoio de agentes inteligentes.

24 HARDMAN, Philippa. The post-AI instructional designer: how the ID role is changing, and what this means for your key skills, roles & responsibilities. **Dr Phil's Newsletter**, Powered by DOMS™ AI, [*s. l.*], ago. 2024.

Essas contribuições se baseiam nos pontos fortes da IA para o processamento de dados estruturados, o reconhecimento de padrões, a geração de conteúdo com base em modelos e a aplicação de procedimentos predefinidos. Ao contar com a IA para essas tarefas, os designers instrucionais podem se concentrar em aspectos mais complexos, criativos e estratégicos, que exigem percepção e expertise humanas.

5

O papel do contexto no design instrucional

As macromudanças sociais, econômicas e tecnológicas descritas no capítulo 1 assinalam um período no qual as estruturas, os modos de produção e até mesmo as funções essenciais das instituições de educação estão sendo cotejados com outras formas de acesso ao saber.

A constatação de mudanças paradigmáticas na sociedade se reflete em um movimento bem caracterizado dentro da teoria e prática do design instrucional que propõe a adoção de um novo modelo de ensino-aprendizagem.

Esse movimento pode ser exemplificado por numerosas referências teóricas a um design instrucional descrito variadamente como "situado", "flexível", "reflexivo", "recursivo" ou simplesmente "construtivista".

O ponto de convergência entre vários autores está no reconhecimento inequívoco da necessidade de adaptar qualquer proposta de design instrucional ao contexto de aplicação. Por essa razão, optamos por utilizar um termo mais abrangente como "design instrucional contextualizado", ou siplesmente DIC, para referir-nos à ação intencional de planejar, desenvolver e aplicar situações didáticas específicas incorporando mecanismos que favoreçam a contextualização.

Jonassen,[1] por exemplo, destaca a importância de acomodar fatores contextuais para uma implementação bem-sucedida.

1 JONASSEN, David. Designing constructivist learning environments. *In*: REIGELUTH, Charles M. (ed.). **Instructional-design theories and models**: a new paradigm of instructional theory. Mahwah: Lawrence Erlbaum Associates, Inc., 1999. v. 2.

Também ressaltando a importância da adaptação do design instrucional ao contexto real de aplicação, Wilson e Myers defendem um design instrucional situado, que supere o design instrucional tradicional, excessivamente rígido e procedimentalizado:

> Pensar e aprender só faz sentido dentro de situações particulares. Qualquer pensamento, aprendizagem ou cognição é situado em um contexto particular; não existe algo como uma aprendizagem não situada. Em decorrência, uma abordagem situada do design instrucional deve ser mais sensível às condições locais e adaptar-se às circunstâncias de situações específicas.[2]

Podemos citar ainda Nikolova e Collis, que acentuam a necessidade (e, com as novas tecnologias de informação e comunicação, a possibilidade) de prover aos alunos um design instrucional flexível, que propicie oportunidades efetivas de escolha:

> Em um curso tradicional, há pouco ou nenhum espaço para a escolha do aluno: usualmente, os dados dos cursos são fixos, o conteúdo é predeterminado, as abordagens instrucionais já estão selecionadas, e os materiais de aprendizagem são preparados com antecedência; a organização do curso é predefinida. Isso é um extremo.
> Na outra ponta do *continuum* está uma aprendizagem *just-in-time, baseada no mundo do trabalho e voltada para a solução de*

---

2 WILSON, Brent; MYERS, Karen. Situated cognition in theoretical and practical context. *In*: JONASSEN, David; LAND, Susan (ed.). **Theoretical foundations of learning environments**. Mahwah: Lawrence Erlbaum, 2000. p. 57-88.

problemas, a respeito da qual o aluno toma as decisões-chave e que ocorre ao longo de toda a vida.[3]

Estamos falando de uma proposta de aprendizagem mais flexível, em que os alunos podem satisfazer necessidades individuais por meio de recursos personalizados, como destacado por Peters:

> [...] as formas clássicas de ensino e aprendizagem no ensino a distância (cursos padronizados, assistência padronizada) deveriam ser substituídas ou complementadas por formas muito flexíveis quanto a currículo, tempo e lugar (*variabilidade dos processos*).[4]

Tessmer e Richey[5] efetuam uma abrangente exploração sobre o contexto e analisam fatores contextuais que podem restringir ou favorecer em diferentes graus os processos de ensino-aprendizagem. Para a análise contextual, propõem uma metodologia que parte da caracterização do contexto em termos temporais e níveis de abrangência.

Em termos temporais, temos:

a) contexto de orientação: anterior à aprendizagem, influencia a motivação futura do aluno e o prepara cognitivamente para aprender;

---

3 NIKOLOVA, Iliana; COLLIS, Betty. Flexible learning and design of instruction. **British Journal of Educational Technology**, Oxford, v. 29, n. 1, p. 60-62, 1998.

4 PETERS, Otto. **Didática do ensino a distância**. São Leopoldo: Editora Unisinos, 2008. p. 208.

5 TESSMER, Martin; RICHEY, Rita C. The role of context in learning and instructional design. **Educational Technology Research and Development**, Washington, v. 45, n. 2, 1997.

b) contexto de instrução: geralmente determinado temporalmente pelo evento instrucional (curso, programa, aula), envolve os recursos, físicos, sociais e simbólicos que fazem parte da situação didática;
c) contexto de transferência: posterior à aprendizagem, envolve basicamente o ambiente ou a situação em que a aprendizagem será aplicada.

Esses três contextos se expressam em três diferentes níveis de abrangência:

a) a perspectiva individual, característica do aluno;
b) a perspectiva imediata, característica do entorno;
c) a perspectiva cultural ou institucional, característica de uma organização, instituição ou da sociedade.

Esses elementos são detalhados no quadro 5 .1.

Acrescentando-se a esses elementos a natureza dinâmica que caracteriza os fenômenos socioculturais, entre eles a educação, temos uma rede de forças e influências que transformam cada situação didática em uma experiência ímpar e irreplicável. A figura 5.1 representa graficamente os três contextos temporais e os três níveis de abrangência que compõem a análise contextual, com destaque para a natureza dinâmica e mutante de cada nível.

Mais uma vez, poderíamos ver-nos diante de uma aparente contradição de termos, já que a finalidade do design instrucional, tradicionalmente vinculado à separação entre o pensar e o fazer, nada mais seria do que gerar um produto descontextualizado.

Antes de prosseguir, portanto, cabe empreendermos uma análise das condições econômicas e tecnológicas que historicamente determinaram a descontextualização

Quadro 5.1 Perspectivas contextuais e sua inter-relação com os contextos de orientação, instrução e transferência

	Contexto de orientação	Contexto de instrução	Contexto de transferência
Individual	▪ Perfil do aluno (características demográficas, estilo cognitivo e preferências de aprendizagem) e experiências anteriores de aprendizagem. ▪ Definição de objetivos que influenciam os estados cognitivos e afetivos do aluno. ▪ Responsabilidade do aluno pela própria aprendizagem. ▪ Percepção de que a aprendizagem será útil (poderá ser transferida). ▪ Percepção de que a aprendizagem individual terá consequências sobre o ambiente.	▪ Percepção do papel do aluno (o que e como aprender, o que esperar do professor e dos materiais e recursos de aprendizagem). ▪ Compreensão da tarefa do aluno (objetivos de aprendizagem envolvidos, conteúdo a ser estudado, atividades a serem realizadas, interações esperadas e o processo de aprendizagem propriamente dito).	▪ Percepção da utilidade e aplicabilidade da aprendizagem. ▪ Percepção dos recursos disponíveis pós-curso (ferramentas, equipamentos, software, auxílio nas tarefas, professores e outros alunos). ▪ Consciência das limitações de transferência da aprendizagem e desenvolvimento de habilidades para superar essas limitações. ▪ Experiência anterior na aplicação do conhecimento a novas situações e na solução de novos problemas.
Imediato	▪ Suporte social para a aprendizagem (apoio familiar, comunitário e do ambiente de trabalho).	▪ Condições sensoriais (acústica, temperatura, iluminação). ▪ Condições físicas para sustentar atenção, interesse e motivação e apoiar experiências autênticas de aprendizagem, interação humana e aprendizagem colaborativa. ▪ Percepção do papel do educador (como palestrante, facilitador ou mentor). ▪ Cronogramas de aprendizagem (quantidade e regularidade de eventos de aprendizagem). ▪ Conteúdo cultural (crenças, comportamentos, papéis, práticas e aspectos simbólicos de professores e alunos). ▪ Facilidade e adaptabilidade dos materiais didáticos e de equipamentos de apoio.	▪ Oportunidades de transferência da aprendizagem (envolvendo quantidade, frequência e nível de dificuldade no desempenho de tarefas). ▪ Suporte social (apoio dos pares e de superiores). ▪ "Dicas" situacionais (feedback por meio de revisões, avaliações ou testes), sistemas de suporte ao desempenho, modelagem.
Institucional	▪ Cultura de um grupo étnico, região geográfica ou organização de crença compartilhada sobre a importância da aprendizagem. ▪ Incentivo à aplicação de novas habilidades, com destinação de tempo e recursos para esse fim, política de favorecimento da educação continuada.	▪ Significados, crenças e valores compartilhados e expressos por meio de rituais, sistemas de recompensas, políticas e linguagem. ▪ Apoio ao ensino e à aprendizagem (planejamento do tempo, suporte técnico, disponibilidade de equipamentos e instalações acessíveis).	▪ Cultura de transferência (valorização da educação continuada). ▪ Incentivos pelo uso, penalidades por erros, comprometimento orçamentário e sistema de feedback.

Fonte: adaptado de TESSMER, Martin; RICHEY, Rita C. The role of context in learning and instructional design. **Educational Technology Research and Development**, Washington, v. 45, n. 2, 1997.

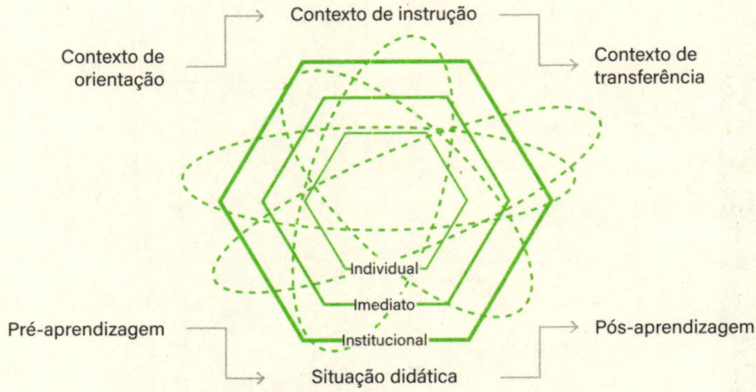

Figura 5.1 Elementos da análise contextual

dos processos de design. A partir dessa compreensão, poderemos reconhecer as potencialidades de (re)contextualização na moldura pós-industrial, globalizada e digitalizada que envolve as ações educacionais hoje.

Vejamos: antes da mecanização industrial, o artesão, conforme suas particularidades físicas, geográficas e históricas, projetava e ao mesmo tempo construía artefatos, que em geral eram utilizados por ele próprio ou por usuários bem próximos. Raramente havia um momento isolado ou anterior de planejamento, e a fabricação se dava com base em tentativas e erros, inspirada pelas características dos materiais, pela tradição e pelas relações interpessoais com a comunidade.

As demandas por mecanização e por divisão do trabalho tornaram necessário estabelecer padrões para que os artefatos pudessem ser produzidos em escala industrial. Também foi preciso dar forma a esses artefatos, de modo que eles pudessem ser comercializados no mercado de massa, composto por consumidores na maioria das vezes desconhecidos.

A concepção moderna que extraiu do processo toda a riqueza contextual se transformou em uma poderosa ferramenta de produção, mas reduziu o design a um modelo neutro, porque padronizado, intercambiável e substituível. A neutralidade desse modelo de design, embora favoreça a análise, a modularização e a posterior integração, tende a afastar-se da realidade, com suas características únicas, variáveis e dependentes do contexto.

Nas últimas décadas, contudo, testemunhamos transformações nas formas de produção e de distribuição de artefatos e também nas relações de trabalho:

- da produção em massa e armazenada em estoque para produção *on-demand* (conforme a demanda) e *just-in-time* (no momento certo);
- das relações de trabalho hierarquizadas para relações horizontais;
- de trabalhadores treinados para a realização de tarefas ou operação de máquinas específicas para trabalhadores mais qualificados e polivalentes.

Tais transformações no mundo da produção e do trabalho decorreram de avanços significativos no campo tecnológico e gerencial, mas também surgiram como resposta às novas exigências dos consumidores e aos novos comportamentos individuais e coletivos, fomentados por toda uma mentalidade pós-moderna, que contaminou a política, o entretenimento, o governo e as várias esferas do relacionamento humano, incluindo-se aí a educação.

Somos impelidos a reconhecer que as transformações no mundo do trabalho e da produção têm influenciado não apenas a formação profissional, na medida em que ela deve preparar trabalhadores para essa nova realidade, mas também a própria concepção do trabalho educacional.

Kerckhove refere-se enfaticamente ao imperativo de "dar poder às massas", mediante um design que possibilite maior personalização, maior versatilidade e escolhas a partir de uma única tecnologia. Seu conceito de ciberdesign – "aquilo em que o design se transforma quando é apoiado por sistemas ciberativos"[6] – aplica-se bem às figuras de mercado designadas "prossumidores",[7] potenciais compradores insatisfeitos com o mero papel de consumidores, querendo cada vez mais atuar no ato da produção, em uma sociedade imersa no ciberespaço e regulada pelos princípios da cibercultura.

No campo educacional, contudo, envolver a comunidade de aprendizagem (alunos e professores, e também a equipe de apoio, os patrocinadores – *stakeholders* – e outros elos da cadeia)[8] na tomada de decisões com frequência é visto como uma despesa injustificada e um complicador em termos do cumprimento de prazos.

É nesse ponto que as tecnologias podem desempenhar um papel fundamental, garantindo uma análise mais precisa dos fatores contextuais, maior personalização dos percursos individuais e possibilidade real de interação entre os atores do processo.

Em termos de personalização, atribui-se às tecnologias a função de prover padrões de aprendizagem mais

---

6 KERCKHOVE, Derrick de. **A pele da cultura**: investigando a nova realidade eletrônica. Santos: Annablume, 2009. p. 136.

7 TOFFLER, Alvin. **A terceira onda**. 26. ed. Rio de Janeiro: Record, 2000.

8 Integração entre os diferentes níveis de ensino, mercado de trabalho que absorverá a mão de obra formada, associações profissionais, etc. (todos os agentes envolvidos nos contextos culturais de orientação, instrução e transferência).

flexíveis, que permitam aos alunos fazer escolhas em termos de:

- tempo de participação no curso: data de início e conclusão, frequência de participação;
- conteúdo: tópicos abordados, sequência, quantidade de atividades de aprendizagem, nível de dificuldade, padrões de avaliação;
- pré-requisitos para participação;
- abordagens instrucionais: organização social da aprendizagem, linguagem utilizada, fundamentos pedagógicos e andragógicos;
- materiais de aprendizagem;
- entrega e logística do curso: métodos e condições temporais e espaciais para obter suporte, tipos de suporte disponíveis;
- local de estudo e participação no curso;
- canais de distribuição: sessões presenciais, ensino por correspondência, teleconferências, rede de computadores.

Isso envolve uma compreensão mais ampla de que, por meio da tecnologia, os alunos podem decidir não apenas *como*, *quando* e *onde* estudar, mas também *o que* estudar.

Apoiado por tecnologias, o design instrucional contextualizado implica mais do que oferecer aos alunos individualmente formas alternativas de usufruir as situações didáticas. Deve também propiciar mecanismos de efetiva contextualização nas diferentes etapas do processo de design – análise de necessidades, design e desenvolvimento, implementação, avaliação –, incluindo-se aí a definição compartilhada dos resultados desejados e o estabelecimento conjunto de convenções e práticas aceitáveis, segundo valores comuns.

Se, como vimos anteriormente, o sucesso de uma proposta de design instrucional depende mais das variáveis locais do que das variáveis gerais contidas no modelo de design instrucional escolhido, importa reconhecer que a implementação (situação didática) não pode ser separada da concepção (fases de análise, planejamento e produção). Por esse motivo, discutimos no capítulo a seguir o modelo de desenvolvimento do design instrucional contextualizado.

6

O design instrucional contextualizado

Vários dos autores mencionados nos capítulos anteriores levantam procedimentos e ações necessários à concretização de um design instrucional contextualizado, destacando que não se trata de seguir um novo receituário ou conjunto de fórmulas prontas, mas de colocar em prática alguns princípios fundamentais para uma nova forma de planejar e implementar situações de ensino-aprendizagem.

Na base do modelo está a compreensão de que levar em consideração o contexto de uso é muito mais do que adicionar novos passos ao modelo tradicional de design instrucional, com suas fases de análise, design e desenvolvimento, implementação e avaliação.

> [...] enquanto os modelos de design instrucional tradicional frequentemente incluem estágios distintos de atividades de análise, design, desenvolvimento e avaliação [...] respondemos à questão de design de uma *maneira espiral*, progredindo através de uma série de estágios em um nível e então espiralando de volta e adicionando mais detalhes [...]
> Consistente com a maneira holística na qual designers experientes com frequência aplicam modelos tradicionais [...] inicialmente tomamos decisões através dos estágios baseados em dados relevantes e, então, à medida que mais informação se torna evidente e relevante, espiralamos de volta e adicionamos mais detalhes através dos estágios.[1]

1 CENNAMO, Katherine *apud* WILLIS, Jerry; WRIGHT, Kristen Egeland. A general set of procedures for constructivist instructional design: the new R2D2 model. **Education Technology**, Englewood Cliffs, v. 40, n. 2, p. 8, 2000. Grifo nosso.

Embora tenha correspondência com as fases gerais do processo de desenvolvimento, o design instrucional contextualizado foge dos padrões lineares, que dão a impressão de que a análise ocorre no princípio, o design e o desenvolvimento no meio e a avaliação no final do processo. Assume-se que, no DIC, essas operações ocorrem recursivamente ao longo de todo o processo, sem envolver nenhum grau absoluto de predição ou prescrição.

Assim, um modelo de design instrucional contextualizado seria mais bem representado por um fractal do que por qualquer outra forma geométrica fechada.

Segundo o *Dicionário Aurélio*, fractal é uma "forma geométrica, de aspecto irregular ou fragmentado, que pode ser subdividida indefinidamente em partes, as quais, de certo modo, são cópias reduzidas do todo".[2] Lévy também usa essa figura para explicar o princípio de multiplicidade e encaixe das escalas do hipertexto: "O hipertexto se organiza em um modo 'fractal', ou seja, qualquer nó ou conexão, quando analisado, pode revelar-se como sendo composto por toda uma rede, e assim por diante, indefinidamente [...]".[3]

Na figura 6.1 vemos uma comparação com o modelo convencional de desenvolvimento de design instrucional.

---

2 FERREIRA, Aurélio Buarque de H. **Dicionário eletrônico Aurélio**: século XXI. São Paulo: Melhoramentos, 1999.

3 LÉVY, Pierre. **As tecnologias da inteligência**: o futuro do pensamento na era da informática. São Paulo: Editora 34, 2010. p. 26.

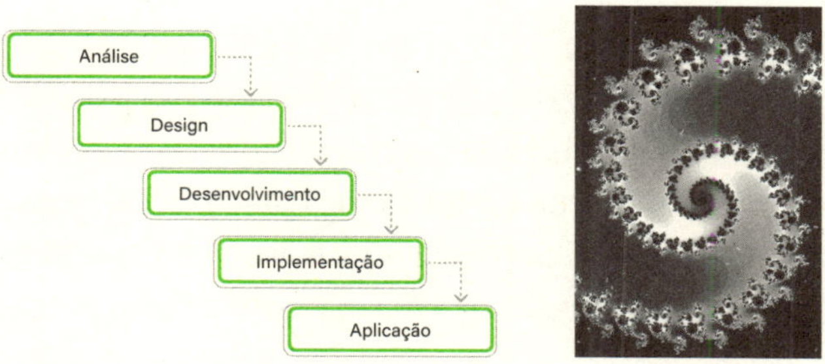

Processo convencional DIC

Figura 6.1 Expressão gráfica dos processos de desenvolvimento de design instrucional convencional e contextualizado

No DIC, o foco é inicialmente difuso e se torna mais nítido e distinto à medida que evolui a implementação da proposta. You esclarece:

> Quando vistos como uma estrutura fractal, os processos recomendados pelos modelos de desenvolvimento de design instrucional não são peças sequenciais independentes dos outros componentes, mas são uma rede dinamicamente mutante de partes que se conectam umas às outras.[4]

Esse caráter recursivo e dinâmico é possibilitado pela seleção de ambientes tecnológicos de desenvolvimento que suportam os recursos de autoria, flexibilidade e acessibilidade.

A criação de um protótipo simples do ambiente de aprendizagem, uma espécie de cenário gráfico-visual para o contexto didático imaginado, garante a experimentação, a exploração e a participação de uma equipe forma-

4 YOU, Yeongmahn. What can we learn from chaos theory? An alternative approach to instructional design. **Educational Technology Research and Development**, Washington, v. 41, n. 3, p. 24, set. 1993.

da por representantes da comunidade de aprendizagem, atuando desde as fases iniciais do processo ou participando pontualmente em diferentes momentos do desenvolvimento. Em acordo com o modelo de prototipagem rápida usado em software, o desenvolvimento dos materiais e eventos didáticos pode começar antes mesmo que os objetivos sejam completamente definidos, enquanto as etapas do design instrucional vão se sobrepondo umas às outras.

Vejamos de que forma, então, o design instrucional contextualizado se relaciona às fases gerais de análise, design e desenvolvimento, implementação e avaliação dos modelos convencionais.

FASE DE ANÁLISE NO DIC

O design instrucional contextualizado não dispensa a identificação de necessidades de aprendizagem, a definição de objetivos instrucionais, a caracterização de alunos e o levantamento de restrições que fazem parte do modelo tradicional de design instrucional. No entanto, essas atividades não são realizadas *a priori* ou de modo definitivo, mas estabelecem um foco inicial para posterior aprimoramento.

Como afirmam Willis e Wright,[5] o início de um projeto é provavelmente o pior momento para definir objetivos específicos e caracterizar os alunos e o conteúdo a ser

5 WILLIS, Jerry; WRIGHT, Kristen Egeland. A general set of procedures for constructivist instructional design: the new R2D2 model. **Education Technology**, Englewood Cliffs, v. 40, n. 2, p. 5-20, mar./abr. 2000.

trabalhado, porque a compreensão desses pontos emerge no decorrer do processo de design e desenvolvimento.

Dentro de uma visão contextualizada do ensino, não há como aprisionar o conteúdo em objetivos previamente especificados, à parte do contexto de aprendizagem, sem considerar os vieses político-ideológicos envolvidos.

Tendo em mente o caráter dinâmico e participativo de uma proposta de design instrucional contextualizado, é preciso distinguir os objetivos instrucionais, geralmente definidos *a priori*, dos objetivos de aprendizagem, que muitas vezes se revelam apenas quando os alunos se aprofundam em um campo de conhecimento.

Ou seja, os objetivos de aprendizagem variam de acordo com as perspectivas e com os estágios nos quais os alunos se encontram no seu *continuum* de desenvolvimento, e por esses fatores são condicionados. Já os objetivos instrucionais refletem necessidades mais amplas de cunho social, organizacional e grupal. Mesmo nesse caso, devem ser consideradas as soluções mais próximas ao contexto em que o design instrucional será aplicado.

De qualquer forma, objetivos relacionados à solução de problemas e à construção de significados devem ser priorizados, em detrimento de regras a serem seguidas, e perseguidos por meio de ricas experiências de aprendizagem a partir das quais os alunos poderão selecionar conteúdos que atendam às suas próprias necessidades.

Quanto à caracterização dos alunos, desde o princípio, é preciso avançar além do mero "conhecer o público-alvo". Ainda que uma estrutura de processamento relacional on-line possa contribuir enormemente para um design centrado no usuário, encarar o aluno como se ele fosse objeto de um estudo é bem diferente de aceitá-lo como um agente ativo dentro do processo de tomada de decisões.

No que diz respeito ao levantamento de restrições e potencialidades, Tessmer e Richey[6] sugerem a análise contextual, conforme descrita no capítulo 5 . Embora condição essencial, ela não é suficiente para um design instrucional contextualizado. É necessário localizar com precisão, entre os fatores contextuais de orientação, instrução e transferência, aqueles considerados inibidores (por exemplo, instalações físicas impróprias), ausentes (por exemplo, inexistência de sistema de feedback) e facilitadores (por exemplo, coerência entre as percepções de alunos e professores quanto ao papel do aluno).

Levando em conta os resultados da análise, o passo seguinte envolve o desenvolvimento de um ambiente favorável à aprendizagem apoiado em uma proposta de design instrucional sensível àquele contexto específico.

FASES DE DESIGN E DESENVOLVIMENTO NO DIC

Este tópico abrange o planejamento propriamente dito da situação didática, com o mapeamento e sequenciamento dos conteúdos a serem trabalhados, a escolha dos métodos e das técnicas adotados para alcançar os objetivos traçados, a seleção das mídias mais apropriadas e dos materiais que devem ser produzidos para adoção pelos alunos e professores.

Nessa fase, muitas vezes, pode-se ter em mente apenas o design e o desenvolvimento de materiais instrucio-

---

6 TESSMER, Martin; RICHEY, Rita C. The role of context in learning and instructional design. **Educational Technology Research and Development**, Washington, v. 45, n. 2, 1997.

nais, por exemplo, tutoriais, demonstrações, exercícios e práticas (*drill-and-practice*), que entregam ou suportam a chamada instrução direta.

A instrução direta tende a isolar informações e conceitos críticos a serem aprendidos, ensinando-os em sequências ordenadas que refletem uma presumida hierarquia do conhecimento.

Entretanto, o macrocenário descrito no capítulo 1 capta nossa atenção para outros tipos de instrução também necessários em um mundo globalizado e altamente informatizado. Além da exploração direcionada de conteúdos, exigem-se combinações apropriadas de desafio e orientação, diálogo e personalização, autonomia e estrutura.[7] O foco desloca-se da seleção de conteúdos, estratégias instrucionais e técnicas de aferição de conhecimentos para a projeção de ambientes favoráveis à aprendizagem, que retratem a flexibilidade e a multiplicidade inerente ao contexto educacional.

Ambientes de aprendizagem aberta (*Open Learning Environments* – OLE)[8] permitem que os alunos pensem sobre uma base maior de conhecimentos para resolver um problema, prevendo, formulando hipóteses e experimentando produzir uma solução. Tomam como base as experiências individuais dos alunos, a partir das quais se desenvolve uma compreensão progressiva sobre determinado tema, a qual pode ser examinada, testada e revisada. Esses ambientes apoiam-se em estratégias meta-

7 PETERS, Otto. **Didática do ensino a distância**. São Leopoldo: Editora Unisinos, 2008. p. 208.

8 Ver HANNAFIN, Michael; LAND, Susan; OLIVER, Kevin. Open learning environments: foundations, methods and models. *In*: REIGELUTH, Charles M. (ed.). **Instructional-design theories and models**: a new paradigm of instructional theory. Mahwah: Lawrence Erlbaum Associates, Inc., 1999. v. 2.

cognitivas que possibilitam aos alunos continuamente interpretar, avaliar e reposicionar seu desempenho ao perceber seu próprio estágio de compreensão.

Em busca desses ambientes de aprendizagem aberta, o DIC on-line deve assegurar o acesso a múltiplas perspectivas sobre um mesmo tema, propor problemas complexos e significativos que se relacionam às experiências de vida dos alunos e enfatizar o papel dos erros no processo de desenvolvimento da compreensão. Em ambientes de aprendizagem on-line, adicionalmente, o uso dos recursos de comunicação via web garante que os alunos articulem, negociem e defendam seus próprios pontos de vista e interpretações.

Isso nos leva a pensar que, embora algumas áreas (em geral nas disciplinas básicas das ciências físicas e biológicas) disponham de um corpo de conhecimento tão estruturado a ponto de se tornar ele mesmo o objetivo da instrução, a consecução desse objetivo (o domínio desse corpo de conhecimento) não é tão facilmente verificável, especialmente porque os resultados de aprendizagem mais importantes – capacidade de transferência – não são facilmente quantificáveis.

Adicionalmente, é limitador ancorar o DIC em conteúdos completamente estáticos, definidos previamente pelas contingências do sistema de publicação impressa. É preciso garantir que a atualização dos materiais instrucionais seja compatível com as facilidades de atualização disponíveis aos conteúdos publicados na internet.

Em geral, considera-se que, nos estágios iniciais de conhecimento (aprendizagem de fatos, procedimentos e regras), se devem fornecer materiais e atividades mais estruturados, que apresentem a informação de modo planejado e sequenciado. Para níveis mais elevados de conhecimento (que envolvem a compreensão de conceitos e princípios), materiais menos estruturados hierarquicamente e atividades de pesquisa e solução de problemas permitem que os alunos explorem conteúdos com mais autonomia e liberdade.

Com a incorporação das tecnologias ao design instrucional, a produção de materiais e atividades instrucionais supera a entrega (*delivery*) de conteúdos, vinculando-se à criação de ambientes completos de aprendizagem, caracterizados principalmente pela interação dos alunos em relação aos materiais e às pessoas.

Na educação digital, a contextualização se efetiva pela interação entre as pessoas. A interação ocorre mediante recursos de comunicação e de compartilhamento da informação, como e-mail, fórum e chat, e em espaços para troca de informações e atividades colaborativas. Cabe ao DIC fazer uso desses recursos e espaços em estratégias que envolvam pensamento de nível superior e reflexão crítica (por exemplo, utilizando galeria de imagens, murais virtuais, construção compartilhada de textos, entre outros).

O nível de interatividade na educação digital é determinado pela pluridirecionalidade no fluxo das informações, pelo papel ativo proposto ao usuário na seleção dessas informações e por um ritmo particular da comunicação. Estão implícitos uma otimização das relações humano-máquina que garanta plena acessibilidade, o uso de uma interface agradável que dê espaço a numerosas funções disponíveis, sem esquemas preestabelecidos, e um tempo de resposta curto (feedback imediato).

Em ambientes virtuais de aprendizagem, as pessoas desenvolvem novas habilidades cognitivas e novas estratégias de aprendizagem. Baseado na teoria de Vigótski,

Minguell[9] argumenta que, para relacionar-se com o mundo, as pessoas desenvolvem formas de interpretar as mensagens vinculadas a novos códigos simbólicos (novos elementos com significação, tais como ícones, hipertextos, *links*) e a novas estruturas sintáticas (estruturas não lineares, estruturas indexadas). Também descobrem novas formas de interagir com as ferramentas e os sistemas de signos externos (códigos de comunicação que empregam signos com significados).

O DIC requer um design gráfico intuitivo, que torne possível "aprender enquanto se faz" e possibilite a interiorização das funções tecnológicas, em tempo real. Este deve ser tão simples e tão transparente a ponto de equivaler ao que Norman chama de "computador invisível", um utensílio tão fácil de operar quanto qualquer eletrodoméstico de uso cotidiano.[10]

FASE DE IMPLEMENTAÇÃO NO DIC

Como vimos, a despeito da divisão em fases para fins didáticos, no design instrucional contextualizado as etapas de concepção e implementação não são claramente definidas, uma vez que estão intrinsecamente relacionadas ao contexto no qual se realizará o processo de ensino-aprendizagem.

---

9 MINGUELL, Meritxell Estebanell. Interactividad e interacción. **Revista Latinoamericana de Tecnología Educativa**, Badajoz, v. 1, n. 1, p. 15-25, 2002. Disponível em: https://dialnet.unirioja.es/servlet/articulo?codigc=1252603. Acesso em: 17 mar. 2025.

10 NORMAN, Donald. **The invisible computer**: why good products can fail, the personal computer is so complex, and information appliances are the solution. Cambridge: MIT Press, 1999.

Segundo Mitcham,[11] da mesma forma que não podemos negar a natureza determinística do design, não devemos ignorar a liberdade humana para manipulá-lo indefinidamente (flexibilização). Tudo o que o design instrucional pode fazer é acomodar-se ao contexto, mas jamais controlá-lo.

A importância do contexto é incontestável porque ele é dinâmico, vivo, resultado de uma combinação de características e interações pessoais. Na fase de implementação, o envolvimento das pessoas com o design instrucional é que dá vida ao processo de ensino-aprendizagem. De nada adiantam planos excelentes ou materiais instrucionais de elevada qualidade se as pessoas, principalmente no caso de pessoas adultas, não estão autodirecionadas para ensinar e para aprender.

No DIC, os papéis do professor, do designer instrucional e dos próprios alunos não são tão claramente definidos quanto nos modelos tradicionais. Professores e alunos não são vistos como "executores" de políticas concebidas por outrem de forma descontextualizada. E o designer instrucional não é encarado como um especialista em preparar de forma isolada ou antecipada materiais analógicos ou digitais que serão usados por outros agentes do processo.

Young[12] se aprofunda nessa discussão ao examinar quatro tarefas críticas envolvidas no design instrucional para uma aprendizagem situada. Segundo o autor, a primeira tarefa consiste em selecionar uma situação ou mais

---

11 MITCHAM, Carl. Dasein versus design: the problematics of turning making into thinking. **International Journal of Technology and Design Education**, [*s. l.*], v. 11, n. 1, p. 27-36, 2001.

12 YOUNG, Michael F. Instructional design for situated learning. **Educational Technology Research and Development**, New York, v. 41, n. 1, p. 43-58, 1993.

situações que suportem a aquisição de conhecimento desejado. Em geral, prover mais de uma situação permite que os alunos detectem os componentes invariantes de soluções por meio de uma classe inteira de problemas. Exemplos e contra exemplos e diferenciações progressivas também possibilitam oportunidades para que os alunos identifiquem conceitos estáveis dentro de um domínio de conhecimento tradicional.

A segunda tarefa é providenciar a andaimaria necessária para que os novatos operem dentro de um contexto complexo realista e permitir que os *experts* atuem na mesma situação. Recomenda-se que os alunos gerem tanto os problemas quanto as soluções a serem estudadas, em vez de cumprirem um percurso de resoluções previamente definido por um designer instrucional. Mas para isso o processo de andaimaria deve limitar o acesso a todos os recursos do contexto, liberando-o conforme os alunos evoluírem do desempenho de novatos para o de especialistas.

A terceira tarefa diz respeito a capacitar os professores a monitorar o progresso e a interação percepção-ação de cada aluno, avaliar os produtos e acessar fontes distribuídas de conhecimento, interagir de forma consciente e colaborativa com os alunos individuais e/ou com grupos colaboradores e desenvolver suas próprias habilidades de utilizar situações específicas e gerais.

Um ambiente de aprendizagem tecnologicamente rico pode permitir a avaliação contínua do progresso dos alunos e grupos, liberando o professor para seu papel como mentor ou *coach*, em vez de palestrante ou atribuidor de notas.

A última tarefa envolve definir o papel e a natureza da avaliação e o que significa "avaliar" uma aprendizagem situada.

FASE DE AVALIAÇÃO NO DIC

A forma de avaliar o êxito de uma proposta de design instrucional difere no DIC, na medida em que não se espera atingir objetivos universais, alcançáveis a partir de soluções únicas e perfeitas.

Como não existe um contexto perfeito de aplicação, também não existe uma *única* fórmula instrucional *verdadeira*. Equipes diferentes, ou a mesma equipe trabalhando em um contexto diferente, podem construir um conjunto de verdades aceitas e então gerar um produto instrucional menos ou mais adequado.

Assim, a avaliação da proposta de DI não é vista como um suplemento ou como um estágio separado; ao contrário, integra-se dinamicamente ao contexto de ensino-aprendizagem, de forma progressiva e contínua. Nesse sentido, é parte, e não produto do DIC.

Da mesma forma, os resultados de aprendizagem dos alunos, em geral traduzidos em notas ou conceitos atribuídos ao final de determinado período, tornam-se parte do processo, um espelho vivo que subsidia reorientações e adaptações ao plano original.

Além de testes com correção automática, devem ser considerados métodos alternativos de avaliação e perspectivas de longo prazo – tais como projetos, portfólios, análise de desempenho, estatísticas sobre os percursos dos alunos e auto-avaliação – em contextos autênticos. Avaliações informais, como as observações dos docentes, complementam as avaliações formais como base para os ajustes necessários.

A abordagem etnográfica vem à tona como uma forma de amenizar as limitações do design instrucional.

Como destacam Blomberg e outros autores, referindo-se ao design de software,

> As abordagens tradicionais reservam pouco espaço para a colaboração entre os designers e os usuários ao longo da evolução do design, mas em vez disso confiam na habilidade dos usuários de verbalizar suas necessidades ou de expor as inadequações do design em *testes* isolados que ocorrem em ocasiões únicas (por exemplo, em grupos de foco de discussão ou testes de operabilidade).
> A etnografia, por outro lado, tem o potencial de prover um contexto no qual se pode criar uma compreensão mútua entre usuários e designers. Armados com o conhecimento das práticas de trabalho do usuário obtidas através da observação direta dos usuários em ação, os designers estão em posição muito mais privilegiada de incorporar, precisamente e mais completamente, as perspectivas do usuário no design, com o potencial de aperfeiçoar os produtos existentes, bem como identificar oportunidades para novos produtos.
> Entretanto, incorporar a abordagem etnográfica ao design e desenvolvimento de produtos requer certa reorientação. Os designers precisam desenvolver habilidades de entrevista, observação, análise e interpretação, ao mesmo tempo que as equipes de desenvolvimento precisam estar dispostas a mudar sua ênfase para suportar o envolvimento do usuário desde o princípio e continuamente. Isso implica investimentos consideráveis, mas os benefícios potenciais são igualmente elevados.[13]

---

13 BLOMBERG, Jeanette *et al.* Ethnographic field methods and their relation to design. *In*: SCHULER, Douglas; NAMIOKA, Aki (ed.). **Participatory design**: principles and practices. Hillsdale: Lawrence Erlbaum Associates, 1993. p. 146-147.

O DIC VINTE ANOS DEPOIS

Como vimos anteriormente, o DIC bebe na fonte do modelo ADDIE, que continua até os dias atuais sendo o framework mais amplamente utilizado como uma forma sistemática de projetar soluções de aprendizagem efetivas.

No entanto, desde a criação da Web 2.0 e fenômenos como a explosão das redes sociais, a emergência de conteúdos abertos, a democratização do acesso móvel e, mais recentemente, a disseminação de sistemas de inteligência artificial generativa, o design instrucional clássico vem perdendo força.

Torna-se cada vez mais desafiador acompanhar esse carrossel de inovações e mudanças disruptivas relacionadas ao que significa aprender e ensinar, incluindo-se aí o design instrucional.

Historicamente, as soluções educacionais vêm sendo projetadas em torno das "melhores práticas" e do conhecimento explícito acumulado ao longo dos anos. A abordagem do DI incorpora percepções de sucessos anteriores e contribuições de especialistas para organizar conteúdos e atividades em um fluxo linear e lógico. A solução é então empacotada (na forma de aprendizagem presencial, e-learning ou aprendizagem híbrida) e entregue àqueles que precisam aprender.

No entanto, à medida que a era digital avança e a colaboração entre ser humano e máquina se aprofunda, antigas noções de trabalho, educação e design entram em colapso.

O presente e o futuro trazem mudanças que afetam a maneira como as experiências de aprendizagem são projetadas. Entre essas alterações, podemos citar a abundância de informações, os ambientes de trabalho imprevisíveis e em constante mudança, a valorização da iniciativa pessoal, da criatividade e da paixão em lugar da submissão e da obediência, o trabalho e o estudo independentes de localização, e a integração entre aprendizagem e trabalho.

O DI clássico (DIC) pressupunha um conteúdo estável e um conjunto fixo de habilidades e conhecimentos, mas essa estabilidade não existe mais, e o DIC já prenunciava essa realidade. As antigas práticas não obtêm os mesmos resultados quando se trata de aprender habilidades emergentes e desconhecidas. É preciso estar focado no futuro, levando em consideração novos padrões impulsionados por forças sociais, móveis e locais.[14] Além disso, o DI deve encampar tendências que reforçam metodologias inov-ativas.[15]

Para além da contextualização de uma única situação didática, o DI deixa de projetar soluções educacionais isoladas para projetar experiências de aprendizagem completas, expandindo-se de

14 CHATTOPADHYAY, Sahana. Instructional design in the VUCA World. **ID and other reflections**, [*s. l.*], 6 dez. 2014. Disponível em: https://idreflections.blogspot.com/2014/12/instructional-design-in-vuca-world.html. Acesso em: 17 mar. 2025.

15 FILATRO, Andrea; CAVALCANTI, Carolina Costa. **Metodologias inov-ativas na educação presencial, a distância e corporativa**. São Paulo: Saraiva, 2018.

programas formais para abranger todo o espectro da aprendizagem informal e não formal.

Em vez de simplesmente selecionar e organizar conteúdos, há a necessidade de agregar e curar conteúdos de terceiros. Em vez de simplesmente administrar sistemas de gerenciamento de aprendizagem (LMS), o foco aumenta para abarcar experiências de aprendizagem variadas e construir redes de conhecimento personalizadas. Essa mudança exige uma abordagem holística que abrace todo o ecossistema de aprendizagem, combinando elementos off-line e on-line.

Nos dias atuais, métodos ágeis de DI como RID, SAM, A.G.I.L.E, LLAMA e Learning Circle Framework™ se mostram alternativas metodológicas para responder de maneira rápida às mudanças aceleradas no mundo da educação formal, continuada e corporativa. Com seu foco no desenvolvimento iterativo, na flexibilidade e na capacidade de resposta, eles viabilizam o que para o DIC eram apenas possibilidades.

De igual forma, surgiram nos anos recentes abordagens-irmãs do design instrucional – como o design thinking, o design de experiências de aprendizagem e o design instrucional orientado a dados – que fortalecem a perspectiva centrada no ser humano e a capacidade de capturar o contexto por meio de técnicas analíticas e inteligência artificial.

Tendo esse pano de fundo em mente, cunhamos em 2019 o termo DI 4.0 para incorporar essas inovações nas áreas que fundamentam o DI (educação, tecnologia e gestão). Assim, nossa visão do DIC se atualiza com um conjunto de abordagens teórico-práticas que emergiram nos últimos vinte anos.[16]

MODELOS ÁGEIS PARA O DESIGN INSTRUCIONAL

Os modelos ágeis se caracterizam por uma abordagem flexível, iterativa e centrada no ser humano com vistas ao desenvolvimento de experiências de aprendizagem.

Eles têm como prioridade a colaboração intensiva entre as partes interessadas, a adaptabilidade a mudanças, e a entrega incremental de produtos e recursos. Esses modelos enfatizam ciclos curtos de desenvolvimento, prototipagem rápida e feedback contínuo, permitindo ajustes frequentes e melhorias constantes no design.

Sua principal vantagem é a capacidade de responder rapidamente às mudanças, permitindo que as equipes de DI criem soluções de aprendizagem mais eficazes e relevantes, especialmente em contextos dinâmicos como a educação digital e a educação corporativa.

A seguir apresentamos brevemente os modelos ágeis mais utilizados e que se mostram contribuições valiosas para o DIC.

---

16 FILATRO, Andrea *et al.* **DI 4.0**: inovação na educação corporativa. São Paulo: Saraiva Uni, 2019.

Rapid instructional design (RID)

Rapid instructional design (RID) é uma abordagem ágil que acelera os processos de DI, enfocando a eficiência e a capacidade de resposta dentro das organizações.[17]

A chave é a combinação de estratégias como a modularização, a eliminação de etapas desnecessárias e o aproveitamento de materiais existentes para otimizar o design.

O RID oferece soluções econômicas, viabilizando a criação de diversos recursos para necessidades de aprendizagem urgentes. Ele otimiza os recursos disponíveis, gerando resultados tangíveis em um curto espaço de tempo.

SAM

Successive approximation model (SAM) é uma metodologia ágil desenvolvida pela Allen Interactions que desafia as abordagens lineares tradicionais ao enfatizar pequenas iterações e prototipagem, em contraste com as fases extensas encontradas no DI tradicional.[18]

O SAM 1 é adequado para projetos de pequena escala, enquanto o SAM 2 acomoda projetos maiores e mais complexos.

Ambas as versões envolvem avaliação, design e desenvolvimento iterativo, com foco em alinhar-se às estra-

---

17 PISKURICH, George M. **Rapid instructional design**: learning ID fast and right. San Francisco: Pfeiffer & Co, 2006.

18 ALLEN, Michael W.; SITES, Richard. **Leaving ADDIE for SAM**: an agile model for developing the best learning experiences. Alexandria: Association for Talent Development, 2012.

tégias organizacionais, atender às necessidades dos aprendizes e aprimorar continuamente as soluções.

A.G.I.L.E

A.G.I.L.E é uma metodologia desenvolvida por Conrad Gottfredson com o objetivo de promover agilidade e adaptabilidade organizacional. Inspirada nas metodologias ágeis de desenvolvimento de software, enfatiza a priorização, as iterações curtas, a transparência, a responsabilidade e a qualidade embutida.[19]

A sigla corresponde a cinco estágios: ALIGN (Alinhamento) – foca em alinhar as ações de aprendizado com a estratégia organizacional e as necessidades dos aprendizes; PREPARE (Preparar) – envolve a análise rápida de tarefas e habilidades críticas para informar o desenvolvimento de um plano de aprendizado abrangente; ITERATE & IMPLEMENT (Iterar e Implementar) – concentra-se no desenvolvimento iterativo e na implementação incremental de soluções de aprendizado; LEVERAGE (Aproveitar) – utiliza tecnologias digitais para apoiar o desempenho no momento da necessidade; e EVALUATE (Avaliar) – avalia o valor e o impacto da solução de aprendizado.

A ideia é aprimorar a capacidade de resposta às mudanças, aumentar o engajamento dos aprendizes e alcançar resultados de aprendizagem efetivos.

---

19 PAPPAS, Christopher. The power of AGILE instructional design approach. **eLearning Industry**, [*s. l.*], abr. 19, 2015.

LLAMA

Lot Like Agile Management Approach (LLAMA) é uma adaptação da abordagem ágil para o DI, desenvolvida por Megan Torrance. Nessa metodologia interativa e incremental, as soluções educacionais são continuamente testadas, avaliadas e revisadas ao longo das fases de design e desenvolvimento.[20]

O LLAMA reconhece a necessidade de flexibilidade e acomoda mudanças imprevistas. No entanto, incorpora as cinco fases do modelo ADDIE, enfatizando múltiplas iterações. Ao adotar o LLAMA, as equipes de DI podem gerenciar projetos de forma eficaz, adaptar-se às necessidades em evolução e entregar soluções de aprendizagem impactantes.

Os projetos são concluídos em pequenos incrementos, permitindo que as partes interessadas e os aprendizes participem ativamente do produto em evolução.

Learning Circle Framework™

Learning Circle Framework™ é um modelo de DI criado pela IDC (Instructional Design Central), uma companhia privada norte-americana.[21]

O framework consiste em várias fases, começando com a fase de alvo, em que são abordadas questões fundamentais sobre o público-alvo, os problemas de apren-

20 TORRANCE, Megan. **A quick guide to LLAMA** – Agile project management for learning. [*S. l.*]: CreateSpace Independent Publishing Platform, 2013.

21 THE LEARNING Circle Framework™. **Instructional Design Central**, 5 nov. 2017. Disponível em: https://www.instructionaldesigncentral.com/learning-circle-framework. Acesso em: 26 jun. 2023.

dizagem ou de negócios e as necessidades e objetivos do aprendiz. A fase de criação se concentra no desenvolvimento, teste e revisão de materiais de aprendizagem, com ênfase na curadoria de conteúdos existentes, em lugar da autoria de conteúdos totalmente novos. A fase de lançamento envolve a definição do roteiro do curso, cronograma de implementação, público-alvo, canais de entrega e plano de comunicação.

Uma contribuição fundamental dessa metodologia é o Learning Design Canvas™, uma ferramenta visual que fornece em uma única tela os elementos essenciais de um plano de aprendizagem.

ABORDAGENS-IRMÃS DO DI

Três abordagens-irmãs do design instrucional – o design thinking, o design da experiência de aprendizagem e o design instrucional orientado a dados –, embora distintas entre si, compartilham princípios fundamentais que contribuem para a contextualização do design instrucional.

Elas incorporam insights de diversos campos, como psicologia, tecnologia e design, valorizando a interdisciplinaridade para criar soluções criativas e efetivas para desafios educacionais complexos.

Essas abordagens priorizam as necessidades, preferências e vivências do aprendiz e buscam projetar experiências de aprendizagem mais personalizadas e relevantes. Para isso, apresentam uma ênfase comum na prototipagem, no teste e no refinamento contínuo das soluções educacionais.

A integração dessas abordagens ao processo clássico de DI resulta em soluções e experiências de aprendizagem cada vez mais contextualizadas.

Design thinking (DT)

Design thinking (DT) é uma abordagem centrada no ser humano composta por um processo, uma mentalidade, métodos colaborativos e estratégias de cocriação.[22]

Aplicado à educação, o DT se distingue do DI clássico como abordagem de design por seu foco maior na criatividade, na exploração e pensamento inovador, no pensar "fora da caixa" e considerar soluções não convencionais para a resolução de problemas.

Em termos de processo, o DT apresenta algumas semelhanças com o ADDIE. Ambos envolvem etapas como entender o problema, projetar soluções, prototipar e implementar a opção escolhida. Esses estágios – Ouvir, Criar, Entregar – remetem à sigla HCD (do inglês *Hear, Create, Deliver*), letras que também descrevem a expressão *Human-Centered Design*, como abordagem centrada no ser humano subjacente.[23]

Outro aspecto notável no DT é o papel das pessoas no processo de design. No DT, os indivíduos são considerados pensadores de design ou partes interessadas, envolvidos ativamente no processo de solução de proble-

---

22 CAVALCANTI, Carolina Costa; FILATRO, Andrea. **Design thinking na educação presencial, a distância e corporativa**. São Paulo: Saraiva, 2017.

23 FILATRO, Andrea; CAVALCANTI, Carolina Costa. Integration of design thinking and instructional design for problem solving in distance education. *In*: PBL Conference for the Next Generation, 2018, Santa Clara. **Anais** [...]. Santa Clara: University of Santa Clara, 2018.

mas. Suas perspectivas, experiências e necessidades são valorizadas e integradas às soluções de design.

Uma das principais técnicas do DT é a Persona, a representação gráfica de um aprendiz típico, em que são identificados tanto seu perfil demográfico como suas motivações, desafios, necessidades e preferências de aprendizagem. A Persona também ajuda a entender o contexto mais amplo no qual o aluno está inserido. Isso contribui para que a proposta de DI seja relevante e aplicável à vida real ou à situação de trabalho do aprendiz.

Design da experiência de aprendizagem

O design da experiência de aprendizagem (LXD, do inglês *learning experience design*) complementa o DT aplicado à educação. Essa abordagem é calcada nos princípios de UX (*user experience*), termo popularizado por Donald Norman enquanto trabalhava na Apple para ressaltar a importância de projetar produtos que proporcionassem uma experiência positiva ao usuário.[24]

Aplicada ao campo educacional, essa abordagem oferece um conjunto de métodos, ferramentas, sistemas e modelos que possibilitam projetar experiências de aprendizagem atraentes, memoráveis e significativas.[25]

O LXD busca otimizar não apenas a aquisição de conhecimentos e habilidades, mas também os aspectos emocionais e motivacionais da aprendizagem.

---

24 NORMAN, Donald. **O design do dia a dia**. Rio de Janeiro: Rocco, 2006.

25 EARNSHAW, Yvonne; TAWFIK, Andrew A.; SCHMIDT, Matthew. User experience design. *In*: WEST, Richard E. **Foundations of learning and instructional design technology**: historical roots and current trends. [*S. l.*]: Pressboooks, 2017.

Seu foco está nas experiências de aprendizagem, que são subjetivas e qualitativas e envolvem pessoas, atividades e contexto, em contraposição às tarefas de aprendizagem, que são objetivas e quantitativas e envolvem produtos e características.

O processo de LXD ajuda a cruzar o abismo que separa as soluções educacionais funcionais, confiáveis e usáveis das experiências envolventes, relevantes e adaptadas às necessidades únicas de cada pessoa.

Uma das técnicas que expressam bem o potencial do LXD é o Mapa da Jornada do Aprendiz, que registra as fases da interação humana com conteúdos, ferramentas e outras pessoas, destacando seus sentimentos durante essa jornada.

Design instrucional orientado a dados

O design instrucional orientado a dados (DDLD, do inglês *data-driven learning design*) aproveita a crescente disponibilidade de dados educacionais para informar e otimizar o processo de DI, desde a etapa de análise e ao longo de todo o ciclo de vida da solução educacional ou experiência de aprendizagem.[26]

Essa abordagem reconhece que o aprendiz é responsável por suas interações digitais (não apenas em ambientes virtuais de aprendizagem, mas também com a internet das coisas) e físicas, de modo que o design proposto deve ser adaptado às suas preferências.

Utilizando a analítica de dados (*learning analytics*) para coletar, tratar e analisar dados de aprendizagem, o DDLD

26 FILATRO, Andrea. **Data science na educação**: presencial, a distância e corporativa. São Paulo: Saraiva, 2021.

permite a personalização em tempo real das experiências de aprendizagem, a identificação precoce dos desafios dos alunos e a melhoria contínua dos materiais e métodos educacionais com base em evidências concretas.

Ao reconhecer que as interações digitais dos aprendizes são uma rica fonte de informações, o DDLD reforça os componentes de personalização e adaptação tão caros ao DIC. O objetivo é subsidiar a tomada de decisões, sejam elas intervenções humanas ou executadas por sistemas inteligentes.[27]

Uma das técnicas que traduzem as possibilidades do DDLD é o Plano de Dados. Baseado no Mapa da Jornada do Aprendiz, ele define pontos de controle para a coleta de dados sobre o comportamento dos alunos em cada etapa da jornada.

Os dados coletados permitem identificar as preferências dos alunos e ajustar a proposta de design de acordo com elas. Isso é fundamental para personalizar conteúdos e estratégias de aprendizagem a partir do que os dados revelam sobre as necessidades e os comportamentos dos alunos. Essa abordagem assegura que o DI não seja estático, mas possa evoluir com base em novas informações e mudanças no comportamento dos aprendizes.

DI 4.0

O DI 4.0 tem como premissa básica a centralidade nas pessoas, combinando o atendimento às necessidades e preferências individuais com o potencial da aprendiza-

27 FILATRO, Andrea. **Learning analytics**: análise e desempenho do ensino e aprendizado. São Paulo: Editora Senac São Paulo, 2018.

gem social, em que os aprendizes interagem entre si e com um docente ou facilitador.

Para isso, às etapas clássicas do modelo ADDIE – análise, design, desenvolvimento, implementação e avaliação –, o DI 4.0 incorpora estratégias de abordagens de design-irmãs.

Esse modelo ainda bebe na fonte das metodologias ágeis à medida que se apoia em *templates* e *canvas* (telas) para representar as diferentes etapas do processo de DI.

Vale lembrar: *canvas* é um recurso gráfico que reúne em uma única tela os elementos relacionados a um tópico de interesse. O termo foi popularizado por Alex Osterwalder,[28] que elaborou o *business model canvas* como uma base visual para sua metodologia de criação e promoção de modelos de negócio inovadores, especialmente na área de tecnologia e desenvolvimento de software. A partir de então, tem sido usado em inúmeras áreas, inclusive em educação.

O objetivo é acelerar a tomada de decisão ao longo do processo por meio de modelos predefinidos que abrangem desde os recursos a serem preparados (texto, videoaulas, questionários, estudos de caso, fóruns, avaliações, etc.) até as métricas de produção (número de páginas, número de perguntas, duração dos vídeos, etc.), os requisitos de qualidade (alinhamento com a missão institucional, originalidade, alinhamento com os objetivos de aprendizagem) e o cronograma (fluxo de entrega, validações, prazos, reuniões, etc.).

No DI 4.0, esses modelos incluem a Análise Contextual Visual, a Persona, a Matriz de Design Instrucional, a Matriz de Produção, o Mapa da Jornada do Aprendiz, o

28 OSTERWALDER, Alexander; PIGNEUR, Yves. **Business model generation**: inovação em modelos de negócios. São Paulo: HSM, 2010.

Plano de Dados, *Templates* para Curadoria e Autoria de Conteúdos, *Templates* para Atividades de Aprendizagem, Checklists de Usabilidade e de Implementação e a Matriz de Feedback.

Dessa forma, combinando metodologias ágeis de DI e estratégias de abordagens de design-irmãs, o kit Canvas do DI 4.0 proporciona uma estrutura consistente para a personalização e adaptação a cada novo projeto, dando aos designers instrucionais uma forma prática de concretizar as premissas do design instrucional contextualizado.

Ao longo deste livro e mais especificamente neste capítulo a figura do designer instrucional foi mencionada algumas vezes. Como ocorreu com o conceito de design instrucional, também a noção de designer instrucional recebe no capítulo seguinte uma análise cuidadosa para que possamos prosseguir na compreensão do DIC.

7

A função do designer instrucional

Se adotarmos a premissa de que o design instrucional é a "ação intencional e sistemática de ensino que envolve o planejamento, o desenvolvimento e a utilização de métodos, técnicas, atividades, materiais, eventos, ambientes e experiências de aprendizagem em situações didáticas específicas, a fim de apoiar a aprendizagem humana", decorre que o designer instrucional é aquele "responsável por planejar, desenvolver e aplicar métodos, técnicas e atividades de ensino a fim de facilitar a aprendizagem". (Ver item "Design instrucional", no capítulo 3.)

No modelo convencional de design instrucional, o designer instrucional se responsabiliza pela análise de necessidades, pelo design e desenvolvimento, e pela validação das propostas de DI, apoiado por especialistas em tecnologia e administração. Na prática, um especialista em conteúdo (conhecido como "conteudista") fornece o conteúdo e a expertise em determinado campo de conhecimento, para um designer instrucional transformar em materiais, produtos e atividades instrucionais apropriados ao conteúdo e à situação de modo que se promova um ensino efetivo.

Alunos e professores atuam como sujeitos de teste em uma fase de validação para maximizar a excelência do projeto, e na fase de implementação seguem a prescrição para uso cuidadoso dos materiais, produtos e atividades, conforme recomendação do designer instrucional.

A figura 7.1 apresenta o modelo tradicional de distribuição de funções no design instrucional:

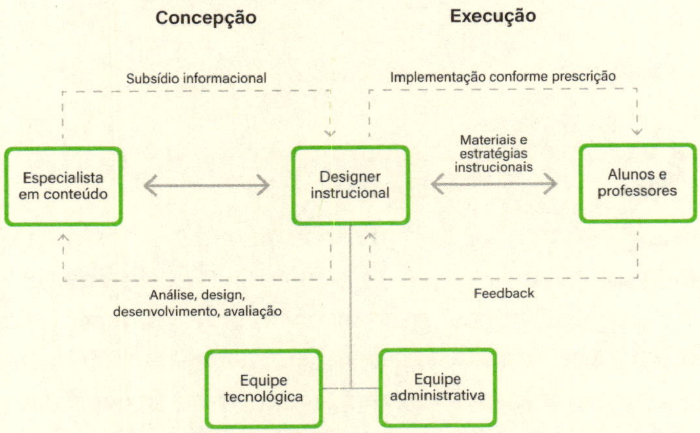

Figura 7.1 Distribuição de papéis no design instrucional tradicional

Com a evolução do DI, o designer instrucional se vê diante de novas funções e desafios.

Kress,[1] por exemplo, compara as funções do designer e do crítico em tempos de mudança. Para o autor, em períodos de relativa estabilidade social, o crítico introduz no sistema certa dinâmica, e faz isso analisando o presente pelos meios de produção do passado. O designer, por sua vez, dá forma ao ambiente social e cultural futuro por meio da disposição deliberada de recursos, e por isso se revela mais em períodos caracterizados por transformações sociais intensas e de longo prazo.

Nas palavras desse autor, "o design é a ação de estabelecer uma agenda de objetivos futuros e de encontrar meios e recursos para cumpri-los".[2] Nesse sentido, a tarefa social e política do designer é fundamentalmente di-

1 KRESS, Gunther. Visual and verbal modes of representation in electronically me-communication: the potencials of new forms of text. *In*: SNYDER, Ilana (ed.). **Page to screen**: taking literacy into the electronic era. Londres: Routledge, 1998.

2 *Ibid.*, p. 78.

ferente daquela do crítico, porque este último olha para o presente através dos meios de produção do passado, enquanto o designer modela o futuro, assumindo os resultados da produção passada como recursos para o desenvolvimento de novos formatos.

Em consonância, Schön vê o designer como um tipo de construtor:

> [...] ao contrário dos analistas ou dos críticos, os designers juntam coisas e fazem com que outras coisas venham a existir, lidando, no processo, com muitas variáveis e limites, algumas conhecidas desde o início e outras descobertas durante o processo de projeto. Quase sempre, as ações dos designers têm mais consequências do que as pretendidas por eles. Eles jogam com variáveis, reconciliam valores conflitantes e manobram em torno de limitações.[3]

Willis e Wright sustentam que "há muita coisa de único em cada contexto de design, e portanto um designer (assim como os outros membros da equipe de design) deve ter, ou desenvolver, uma compreensão sofisticada do contexto particular no qual a proposta de design acontecerá".[4]

Peters, ao analisar as modificações necessárias aos processos de trabalho das universidades a distância, afirma:

> Em lugar do desenvolvimento e produção na base da divisão do trabalho e sob controle central, seriam formados muitos

3 SCHÖN, Donald A. **Educando o profissional reflexivo**. Porto Alegre: Artmet, 2000. p. 43-44.

4 WILLIS, Jerry; WRIGHT, Kristen Egeland. A general set of procedures for constructivist instructional design: the new R2D2 model. **Education Technology**, Englewood Cliffs, v. 40, n. 2, p. 8, mar./abr. 2000.

> pequenos grupos de trabalho descentralizados, com responsabilidade própria pelo desenvolvimento de suas propostas específicas de ensino, sendo, por isso, dotados de maior autonomia.[5]

De acordo com Gomez, o designer educativo é um profissional ressignificado com a emergência da internet, especializado na área do planejamento educativo, que utiliza o diálogo como princípio organizador a partir do qual vai desenvolvendo sua arte de criar condições para os encontros educativos. Trata-se de uma profissão constituída no entrecruzamento da educação, da arte, da tecnologia e do marketing.[6]

Internacionalmente, o International Board of Standards for Training, Performance and Instruction (ibstpi) revisou em 2012 as competências fundamentais do designer instrucional, que haviam sido listadas em 1986 e revisadas em 2000, a partir de pesquisa, discussão e validação por vários profissionais e pesquisadores da área.

Essas competências de planejamento, análise, design, desenvolvimento, implementação e gerenciamento revisadas congregam a influência das tecnologias avançadas, o design baseado em equipes e as habilidades de gerenciamento de projetos.[7]

---

5 PETERS, Otto. **Didática do ensino a distância**. São Leopoldo: Editora Unisinos, 2008. p. 208.

6 GOMEZ, Margarita Victoria. **Educação em rede**: uma visão emancipadora. São Paulo: Cortez/Instituto Paulo Freire, 2004.

7 Ver https://ibstpi.org/competency-sets-services/instructional-designer-competencies/

No Brasil, as atividades do designer instrucional foram reconhecidas pela Classificação Brasileira de Ocupações (CBO) em 2008 entre outros especialistas em educação.

Além de ser capaz de participar de equipes multidisciplinares, o designer instrucional precisa, ele próprio, ter uma orientação transdisciplinar que lhe permita fazer a ponte entre os especialistas de diversas áreas, para atingir a finalidade principal, que é promover a melhor instrução e a aprendizagem mais significativa (figura 7.2):

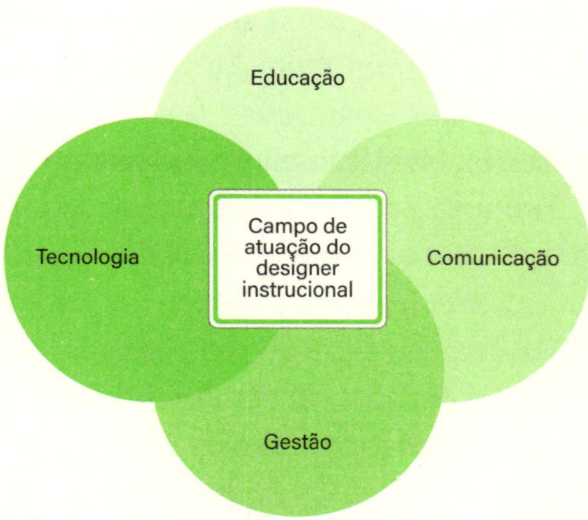

Figura 7.2 Áreas de conhecimento envolvidas na atuação transdisciplinar do designer instrucional

A pandemia de covid-19 e a expansão da educação a distância serviram como catalisadores para um movimento de transformação digital que já se percebia em algumas instituições de ensino. Nos anos recentes, essa transformação se tornou inevitável à medida que tecnologias emergentes como o *big data analytics*, o blockchain, a tecnologia 5G e a realidade virtual e aumentada (RV/RA) impulsionaram a educação para uma nova era de possibilidades.[8]

Ferramentas movidas por IA generativa, sistemas de tutoria inteligente, avaliação automatizada de ensaios e análise preditiva são apenas alguns dos termos que passaram a integrar os debates teóricos e as iniciativas práticas em educação.

O designer instrucional se vê diante desses desafios e das promessas de que a IA tem o potencial de aumentar a velocidade das tarefas e os resultados dessas tarefas em aproximadamente 25% e a qualidade, em cerca de 40%.

Em âmbito internacional, são muitas as discussões sobre o papel desse profissional hoje e no futuro próximo. E, embora ainda se busque um consenso sobre até que ponto as tecnologias inteligentes afetarão o trabalho do designer instrucional, é possível elencar algumas competências que precisam ser desenvolvidas para responder ao estado atual de utilização da IA.

Para Hardman, o papel do designer instrucional no mundo pós-IA é elevado, em vez de eliminado. Torna-se menos funcional e mais focado na tomada de decisões de alto nível, na resolução criativa de problemas e na garantia de que as experiências de aprendizagem aprimoradas por IA permaneçam centradas no ser humano e apoiadas por sólida base teórica sobre como as pessoas aprendem.[9]

Entre as habilidades mais críticas exigidas desse profissional, estão:

---

8 FILATRO, Andrea; PORTO, Stella. **Transformação digital na educação**: guia rápido para líderes e gestores. São Paulo: Saraiva, 2024.

9 HARDMAN, Philippa. The post-AI instructional designer: how the ID role is changing, and what this means for your key skills, roles & responsibilities. **Dr Phil's Newsletter Powered by DOMS™ AI**., 22 ago. 2024.

- **Conhecimento avançado das ciências da aprendizagem e da pesquisa em DI.** Isso significa desenvolver uma compreensão aprofundada das teorias de aprendizagem e dos modelos instrucionais a fim de utilizar o conhecimento teórico para estimular, avaliar criticamente e orientar estratégias de aprendizagem geradas por IA.
- **Mentalidade analítica e habilidades orientadas a dados.** Trata-se de interpretar análises complexas geradas por IA para tomar decisões informadas, refinando continuamente as experiências de aprendizagem com base em insights gerados por IA.
- **Pensamento estratégico.** Aqui temos a prática de combinar os insights das ferramentas inteligentes com as teorias educacionais a fim de criar estratégias de aprendizagem inovadoras em ecossistemas adaptáveis que alavancam os recursos de IA.
- **Habilidades avançadas de análise crítica.** Cabe ao designer instrucional avaliar o conteúdo gerado por IA quanto à qualidade, relevância e alinhamento aos objetivos e ao contexto de aprendizagem, identificando e mitigando potenciais vieses em materiais produzidos por IA.
- **Habilidades avançadas de engenharia de prompt.** A capacidade de elaborar e refinar comandos sofisticados permite que o designer instrucional oriente a IA a produzir conteúdo altamente direcionado e eficaz.
- **Design de fluxo de trabalho humano-IA.** Para integrar as ferramentas de IA ao processo de DI, o profissional precisa projetar fluxos de trabalho eficientes que combinam de forma ideal a IA e os esforços humanos.

Essas habilidades elevadas posicionam o designer instrucional como um arquiteto de aprendizagem estratégica, um administrador ético da IA e um vetor de inovação no campo educacional.

Perspectivas

A transformação digital é uma realidade em praticamente todas as esferas da sociedade e cada vez mais no campo educacional.

A maneira como a inteligência artificial generativa nos tomou de assalto é apenas mais um capítulo no desafio do mundo interconectado de hoje.

Em um cenário descrito como *phygital* (físico + digital), os aplicativos baseados em nuvem, as ferramentas de automação, robótica e dispositivos inteligentes, incluindo a IoT (internet das coisas), as tecnologias vestíveis e, em breve, a IoB (internet do corpo) acenam para uma transição impactante que nos faz perguntar o que virá a seguir.

Pesquisas internacionais sobre tendências emergentes em educação nos ajudam a vislumbrar esse futuro próximo.

O *2024 Gartner Hype Cycle* de tecnologias para o ensino superior elenca um cabedal de tendências que vão dos campi inteligentes (*smart campuses*) ao metaverso aplicado no ensino superior, das credenciais digitais ao modelo de sala de aula Hyflex, e da computação quântica às interfaces cérebro-máquina bidirecionais (BBMIs).[1]

O *2024 Educause Horizon Report* destaca que, nos últimos anos, vem ocorrendo uma mudança na identifica-

1 BROWN, Marlena. Hype cycle for higher education. **Gartner**, [*S. l.*], 29 jul. 2024. Disponível em: https://www.gartner.com/doc/reprints?id=1-2I72YWOL&ct=240729&st=sb#810854. Acesso em: 27 jan. 2025.

ção de tecnologias isoladas para práticas mais holísticas. O documento cita abordagens combinadas com tecnologias, como a busca por usos apropriados para a tecnologia potencializada por IA; o suporte à fluência em IA; o apoio à aprendizagem inclusiva e equitativa; a proteção e segurança dos dados; o enfrentamento à desinformação e o apoio à saúde mental.[2]

É isso o que também revela o relatório *Innovating Pedagogy 2024*, preparado pelo Instituto de Tecnologia Educacional da Open University (Reino Unido), em colaboração com a LIVE Initiative da Universidade Vanderbilt, nos Estados Unidos.

Essas duas fontes de pesquisa propõem um conjunto de dez inovações que surpreendem pela forma como lidam com a tecnologia para abarcar questões sociais, políticas e filosóficas que já estão em uso em alguns locais ou países, e têm o potencial de exercer grande influência na educação nos próximos anos:[3]

1. **Mundos especulativos.** Utilizam ficção especulativa, IA e realidade virtual/aumentada para reimaginar o presente, o passado e o futuro. Beneficiam grupos marginalizados, permitindo-lhes experimentar ações e personas além de suas realidades cotidianas, atravessando tempo, espaço e perspectiva.

---

2 PELLETIER, Kathe *et al.* **2024 EDUCAUSE Horizon Report** – Teaching and learning edition. Boulder: Educause, 2024. Disponível em: https://library.educause.edu/resources/2024/5/2024-educause-horizon-report-teaching-and-learning-edition. Acesso em: 27 jan. 2025.

3 KUKULSKA-HULME, Agnes *et al.* **Innovating pedagogy 2024**: open university innovation report 12. Milton Keynes: The Open University, 2024. Disponível em: https://iet.open.ac.uk/files/innovating-pedagogy-2024.pdf. Acesso em: 27 jan. 2025.

2. **Pedagogias da paz.** Enfocam o papel das instituições de ensino na promoção da harmonia social. Enfatizam práticas compassivas, desenvolvimento de empatia e integração de diversas perspectivas. Incluem educação para a cidadania global, visando ampliar os esforços de construção da paz além dos conflitos locais.
3. **Pedagogia da ação climática.** Prepara educadores e alunos para enfrentar mudanças climáticas, integrando temas ambientais nos currículos. Promove aprendizagem interdisciplinar, experiências práticas e reflexão pessoal sobre ação climática. Desafia-se a manter o currículo atualizado e promover ações sustentáveis.
4. **Aprender em conversação com a IA generativa.** Emprega ferramentas como ChatGPT e Gemini para simular diálogos socráticos, fornecendo respostas e orientações em tempo real. Atua como tutor virtual 24/7, auxiliando em tarefas acadêmicas e oferecendo feedback imediato. Aprimora a aprendizagem interativa por meio de simulações e jogos de papéis.
5. **Conversas sobre ética da IA para jovens.** Abordam o impacto significativo da IA e de outras tecnologias digitais na vida dos jovens. Enfatizam a importância de destacar os direitos das crianças nos debates sobre IA, valorizando sua participação no desenvolvimento de ferramentas inteligentes para a educação.
6. **Escrita multimodal aprimorada por IA.** Integra a IA generativa na criação de conteúdos multimodais, como textos, imagens, vídeos e áudios. Beneficia os alunos na geração e revisão rápida de composições, exigindo domínio na criação de prompts (comandos). Estimula o pensamento crítico e a criatividade, enfatizando práticas reflexivas e aspectos éticos.

7. **Livros didáticos inteligentes.** Utilizam IA para personalizar a aprendizagem, rastreando o comportamento dos leitores e adaptando o conteúdo em tempo real. Integram recursos interativos como respostas automatizadas e entrega adaptativa de conteúdo, oferecendo percursos de aprendizagem personalizados e feedback imediato.
8. **Avaliações por meio de realidade estendida.** Empregam simulações imersivas (RV/RA) para avaliar e desenvolver habilidades práticas. Proporcionam sensação de presença e agência, permitindo que os alunos testem conhecimentos procedimentais em cenários complexos, sem os riscos ou as restrições logísticas do mundo real.
9. **Linguagem e cultura imersivas.** Utilizam jogos digitais e *role-playing* (interpretação de papéis) para oferecer experiências de aprendizagem autênticas em contextos históricos ou linguísticos. Desenvolvem a capacidade de discernir entre informações confiáveis e não confiáveis, bem como a habilidade de trabalhar por meio de fronteiras culturais.
10. **Exploração de modelos científicos "por dentro".** Usa tecnologias de realidade estendida (XR) para criar ambientes imersivos onde os alunos interagem com representações digitais de fenômenos científicos. A IA complementa a XR ao analisar grandes volumes de dados multimodais dessas interações, fornecendo insights sobre engajamento e processos de aprendizagem.

Como podemos notar nessas análises de tendências, o futuro da educação não se resume à implementação de novas tecnologias, mas exige também a sua utilização criativa combinada a abordagens pedagógicas inovadoras e impactantes.

Tais inovações não representam apenas avanços tecnológicos isolados, mas uma mudança fundamental na forma como a educação é concebida.

Com essa perspectiva de futuro, o desafio do design instrucional segue sendo a criação de experiências de aprendizagem engajadoras, relevantes e impactantes, que preparem os alunos para um futuro no qual a criatividade, o pensamento crítico e a adaptabilidade serão habilidades essenciais.

Índice remissivo

A

B

C

P